타로의 위로, 그림의 대답

Tarot's consolation, picture's answer

타로의 위로, 그림의 대답

타로에세이

글/그림 전수민

프롤로그

삶의 모퉁이에서 만난
타로 상담
그림 치유 이야기

실명될지도 모른다는 병원 진단을 받았다.
하필이면 화가라서 충격은 더 깊었다. 두 번 다시 그릴 수 없을까 봐 조바심이 나 한동안 그림을 몰아서 그렸다. 결국 오른팔의 통증이 심해졌고 그 통증에 자다 깨기를 반복했다. 지금 이 글도 욱신거리는 오른팔을 온몸으로 누르며 쓰고 있다.
꼭 지나고 나서야, 기어이 겪고 나서야 보이는 것들이 있다.

오랜 시간, 나는 한국화라는 전통의 물길을 따라 걸어왔다. 고요한 채색의 결, 담백한 선율 같은 선, 민화 속 형상들이 현대의 숨결과 만나 피워낸 이야기들. 자연과 인간이 스며드는 그 너머의 세계는 언제나 내 그림의 원천이었다.

늘 '세상 안의 예술가'로 살아가고 싶었다. 사람들 곁에서 함께 숨 쉬며. 숟가락으로 밥 한술 뜨는 작은 일도 결국 우리 모두의 힘으로 이루어지는 것처럼 섬세한 마음을 지닌 예술가일수록 더 깊이 세상을 품을 수 있다고 믿었다. 그래서 전시를 치를 때마다 남은 수익금을 필요한 곳에 나누었고, 20년 넘게 아이들을 가르치며, 소년원과 군부대 힐링캠프에서 미술치료 재능기

<얼쑤얼쑤도-아홉 개의 달>, 116×90cm, 한지에 구채볼칠, 2019

부를 이어오며, 나는 그림이 사람들의 마음에 건네는 목소리를 들었다.
감정 표현이 서툰 사람들이나, 삶의 고비 앞에서 말하지 못하고 주저앉는 이들이 있다. 그들에게 그림과 타로는 말없이도 도달하는 위로였다. 손 내밀지 않아도 닿는 온기, 말이 없어도 알아차리는 눈빛 같은 것이었다.

특히 미술치료와 타로를 함께 접목한 이후, 그 시너지는 예상보다 깊었다.
한 장의 카드는 무의식에 잠겨 있던 질문을 꺼내주었고, 그 질문은 곧바로 '그림'이라는 안전한 표현으로 이어졌다. 때로는 무심코 그린 그림을 먼저 들여다보고 타로 상담으로 이어간 적들도 많았다. 상처를 직면하지 못하던 내담자가 카드 속 상징을 통해 스스로를 마주하고 붓질 하나로 감정을 흘려보내는 순간들. 나는 그런 장면들 앞에서 몇 번이고 숨을 삼켰다.

미술치료와 타로는 나에게 '보이는 것 너머의 언어'였다. 그 안에는 삶의 굴곡, 이별과 기다림, 계절의 흐름, 그리고 고요히 속삭이는 내면의 목소리가 있었다. 그 목소리를 놓치지 않기 위해 나는 그림을 그리고, 사람들 곁에 앉아 마음의 결을 읽었다.

이 책은 타로를 예언의 도구로 여기지 않는다. 그보다는 자신을 들여다보고, 삶을 이해하며 치유해가는 하나의 그림 언어로 삼고자 했다. 미술치료의 시선으로 타로를 바라보고, 한국화가의 손끝으로 그 감정을 풀어내며, 삶을 다른 결로 어루만져보고 싶었다.

인생에 정답은 없다. 다만 삶이 흐릿하고 방향이 보이지 않을 때, 한 장의 카드, 하나의 그림이 당신의 마음을 가만히 쉬어가게 해주기를 바란다. 수십 번의 숨결을 실어 그린 붓질처럼, 카드 한 장에도 셀 수 없이 많은 삶의 조각들이 담겨 있다.

이 책이, 여러분이 스스로의 마음을 조용히 마주하고 자신의 삶을 좀 더 다정히 들여다보는 데 작은 불빛이 되어주기를, 삶의 어느 모퉁이에선가 잠시 멈춰 선 당신에게 조용히 등을 토닥이는 손길이 되기를 바란다.

2025년 여름
전수민

차례

타로의 위로, 그림의 대답

05 | **프롤로그 : 삶의 모퉁이에서 만난 타로 상담 그림 치유 이야기**

1부. 내 마음이 나도 낯설 때
성장기 감정의 미로 속에서 타로가 건넨 첫 질문

- 13 · 벌레를 먹는 아이: SNS 중독과 관심 욕구
- 18 · 무너지지 않으려고 공격하는 아이: 폭력 청소년
- 22 · 학교에서 쓰러진 아이: 완벽함의 그늘
- 27 · 소년원에서 만난 눈빛: 분노 이면의 사랑
- 32 · 너는 이미 빛을 품고 있어: 청소년 따돌림
- 36 · 게임 속에선 내가 누군지 확실해요: 게임중독 아동

2부. 가족이라는 울타리 안에서
상처와 사랑이 동시에 존재하는 관계의 타로 상담

- 43 · 엄마처럼 살기 싫어요: 엄마를 닮은 딸의 성장 타로
- 48 · 세 채의 집, 그리고 한 장의 칼
- 53 · 아빠는 왜 이제야 친구하자고 해요?: 유년 시절 방임
- 58 · 따뜻한 불륜과 차가운 가정폭력: 선택 이전의 내면
- 63 · 방에서 안 나오는 아이: 말문을 닫은 아이

3부. 사랑이라는 질문 앞에서

연애, 성, 자존감이 얽힌 감정의 실타래

71	• 28세 모태솔로 여성의 물음: '나, 사랑할 수 있을까요?'
75	• 왜 나만 힘든 거죠?: 상간 피해자의 자존감 회복
79	• 미안해서 끝내지 못한 사랑: 권태기 연애의 타로 리딩
84	• 그녀는 결혼을 믿지 않았다: 비혼주의
88	• 나, 이대로 괜찮을까요?: 성 정체성에 혼란이 온 청소년

4부. 삶과 죽음의 경계에서

애도, 상실, 무기력 속에서 타로가 건넨 빛

95	• 생후 2개월 아이를 떠나보낸 아버지: 정죄 아닌 애도의 상담
99	• 마지막 문 앞에서: 한 청년의 자살 시도
103	• 치매 노모를 떠나보낸 외동딸
107	• 반려동물의 죽음 이후, 말을 잃은 아이
111	• 영정사진을 준비하며: 죽음을 준비하는 80대 여성의 리딩

5부. 세상 속에서 길을 잃었을 때
사회와 개인 사이에서 갈등하는 사람들을 위한 타로 상담

- 119 · 조용한 무기: 타로와 그림으로 군대 속 청년을 구하다
- 124 · 진짜 하고 싶은 게 뭘까요?: 청년의 진로 방황
- 128 · 정리해고 후, 나는 쓸모없어졌나요?: 중년 남성의 자존감 회복
- 133 · 여기까지가 내 한계인가요?: 번아웃에 빠진 작가
- 137 · 신내림을 고민하는 여인: 타로로 만난 삶의 진짜 질문
- 141 · 나는 왜 항상 피해자일까요?: 반복되는 인간관계 패턴 해석

6부. 타로 카드의 의미 읽기
그림 연상법으로 보고 그리면서 상담하는 비결

- 149 · 유니버셜 웨이트 타로 카드
- 152 · '나만의 타로 카드'로 길들이는 법
- 155 · 메이저 아르카나
- 178 · 마이너 아르카나
- 241 · 타로 카드 배열(스프레드)
- 242 · 상담자가 갖춰야 할 네 가지 덕목
- 244 · 타로와 그림치료의 접목 – 그림연상법

1부 — 내 마음이 나도 낯설 때

성장기 감정의 미로 속에서
타로가 건넨 첫 질문

<일월감>, 40×30cm, 한지에 채색, 2018

벌레를 먹는 아이

SNS 중독과 관심 욕구

"선생님, 제 아이가 벌레를 먹었어요, 어떡하면 좋아요!"
전화기 너머 다급한 목소리로 한 엄마가 말했다. 중학생 딸을 둔 엄마였다. 약속된 시간이 되어 문을 열자, 하연이(가명)가 내게 다가와 가장 먼저 들이민 것은 휴대폰 화면이었다.
"이거 보세요. 천 뷰 넘었어요. 댓글도 장난 아니게 달렸고요. 저 이제 진짜 인플루언서 될지도 몰라요."
그 화면 속에는 한 소녀가 학교 복도에서 벌레를 집어삼키는 영상이 재생되고 있었다. 주변엔 친구들의 비명과 웃음소리가 섞여 있었다.
"그래, 정말 인플루언서가 될 수 있는지 혹시 다른 문제는 없는지 우리 타로 한 번 펼쳐볼까?"

 첫 번째로 하연이가 건넨 카드는 **바보(The Fool). 절벽 끝에서 무심히 걷는 듯한 순수한 여행자의 모습.**

나는 천천히 말을 꺼냈다.

"이건 시작, 도전, 무모함을 뜻해. 아무것도 모르고 떠나는 걸 수도 있고 끝을 생각하지 않으려는 무책임한 선택일 수도 있어. SNS를 위해서 벌레를 삼키고 저번엔 깨진 유리도 입에 넣었다면서? 너무 위험하다고 생각하지 않아?"

하연이는 조용히 고개를 끄덕였다.

"그냥… 하고 싶었어요. 그 순간만이라도 내가 누군가 눈에 들어가는 사람이면 좋겠어서요."

잠시 멍하니 벽을 바라보던 하연이가 덧붙였다.

"언제부터 그랬더라… 아, 엄마가 날 무시했을 때부터였던 것 같아요. 맨날 '그딴 걸 왜 하냐? 그럴 시간에 공부나 해.' 그 소리 들을 때마다… 진짜로 사라지는 기분이었거든요."

 두 번째 카드는 **소드 9(Nine of Swords). 악몽에 시달리며 잠 못 이루는 여인의 카드.**

"이건 후회, 공포, 외로움을 상징해. 혹시 혼자 무서울 때도 있어?"

내 말에 하연이는 입술을 꾹 눌렀다.

"밤에 누워 있으면… 댓글이 생각나요. '더 센 거 해봐.', '이번 건 별로였다.' 진짜 무서운 건… 내가 더 이상 놀랍지 않을까 봐 겁나요. 그러면… 아무도 나를 안 봐줄까 봐."

세 번째 카드는 **펜타클 5(Five of Pentacles). 눈보라 속을 걷는 외로운 두 사람.**
"이건 꼭 필요한 게 있는데, 그걸 줄 사람이 너무 멀리 있다고 느껴질 때 나오는 카드야. 하지만 실은 가까이 있어."
하연이는 고개를 떨궜다.
"학교에서도 집에서도… 누가 괜찮냐고 물어본 적 없어요. 그냥 사고 치는 애, 이상한 애일 뿐이죠. 나를 봐주는 건 SNS상의 사람들뿐이에요."

나는 말없이 색연필과 종이를 건넸다.
"하연아, 지금 네 마음을 색으로 그려볼래?"
하연이는 검정, 빨강, 회색을 거칠게 칠했다. 그림 한가운데엔 작게 'X'자 모양의 사람이 있었고 그 아래엔 무표정한 얼굴들이 일렬로 서 있었다. 모두 휴대폰을 손에 쥐고 있었다.
"이 사람들한테 보여주고 싶었어요. 나, 여기 있다고요."

다음 상담에서 하연이가 뽑은 카드는 **컵 4(Four of Cups). 무관심하게 잔을 외면하는 청년.**
"이건 계속 채워지지 않는 느낌이야. 사람들이 뭘 줘도 마음이 허전한 거지."
"조회수, 좋아요, 댓글… 다 받아도 잠시 그때뿐이고 사실 다시 텅 비는 것 같아요."
하연이는 창밖을 바라보며 중얼거렸다.
"한참 열심히 편집한 영상 올렸는데 조회수 안 나오면… 그날은 아무 말도 안 하고 그냥 자요. 내가 쓸모없는 것 같아서."

몇 차례의 상담이 지난 후, 마지막 상담에서 나온 카드는 **세계 (The World)**.
나는 카드의 이미지를 그녀에게 보여주며 말했다.
"이건 치유와 회복, 희망의 카드야. 가장 어두운 밤이 지난 후에야 비로소 볼 수 있는 세상이지. 댓글보다 중요한 건 하연이 안의 말풍선, 자신을 깎아내리는 말 대신 내 안에서 스스로를 다독이는 말이란다."

요즘 아이들 대부분은 스마트폰을 가지고 있고 하루에도 몇 번씩 SNS에 접속한다. 스스로의 모습을 기록하고 공유하며 그것이 하나의 정체성이 된다. 하지만 문제는 보여주기 위해 사는 삶이 점점 일상이 되어간다는 점이다. 다쳐서 피를 흘리면 피를 닦기 전에 사진을 찍고 치료를 받은 후에도 또다시 사진을 찍어 보여준다. 상처보다 먼저 기록과 반응이 우선인 시대이다. 더욱이 매체의 자극에 익숙해진 아이들 중 일부는 시선을 끌 수 있다면 어떤 행동도 서슴지 않는다. 벌레를 먹거나 위험한 장면을 연출하는 것도 그들의 세계에서 '인정받는 방식'일 수 있다. 어른들은 종종 말한다. "설마 우리 아이가 그런 짓을 할까요?"
하지만 20여 년 넘게 아이들을 상담하고 가르쳐온 경험에 따르면, 대부분의 아이들은 이미 그런 영상을 본 적이 있거나 직접 보지는 않았더라도 그런 사건들을 잘 알고 있다. 요즘 아이들의 장래 희망 1, 2위는 유튜브 크리에이터나 연예인이다. 그만큼 '보여지는 존재'가 되는 것이 삶의 중요한 목표가 되었다.

그러나 누군가의 시선에 갇혀 사는 삶은 결국 텅 빈 마음을 남긴다. 진짜 중요한 건, 얼마나 많은 '좋아요'를 받았느냐가 아니라 내가 내 마음을 어떻게 바라보고 있느냐는 것이다. 벌레를 먹는 아이의 행동은 '나를 좀 봐달라'는 절박한 외침이었다. 그리고 그 외침을 누군가가 진심으로 들어주었을 때 비로소 아이는 자기 마음의 주인이 될 수 있다.

무너지지 않으려고
공격하는 아이

폭력 청소년

처음 도윤(가명)이를 만났을 때 도윤이는 검정 크레파스를 세게 움켜쥐고 종이 위에 빙글빙글 격렬하게 동그라미를 돌리며 시커멓게 칠했다. 마치 마음속에서 요동치는 감정이 터져 나오는 것 같았다. 나는 조용히, 천천히 말을 건넸다.
"좋아, 그게 지금 도윤이 마음이구나. 그럼 이번엔 우리 타로 카드를 한번 뽑아볼까?"

도윤이의 눈이 아주 조금 흔들렸다. 도윤이는 머뭇거리며 물었다.
"타로 카드요? 왜요? 내가 뭘 생각하는지 이걸로 알아요?"

도윤이가 뽑은 첫 번째 카드는 **소드의 기사(Knight of Swords)**. 칼을 들고 질주하는 기사의 모습.

나는 조심스레 말을 이었다.

"이 사람 봐봐. 뭔가를 향해 엄청 빨리 달리고 있지? 혹시 뭔가를 막기 전에 먼저 때려버리면 안 다칠 수 있을 것 같았던 적 있어?"

그 순간 도윤이는 조용히 나를 바라봤다. 그러다 아주 작게 말했다.

"내가 먼저 안 때리면 내가 맞게 돼요. 예전에도 그랬어요. 삼촌이…."

도윤이는 말끝을 흐렸다. 그 아이가 얼마나 오랫동안 스스로를 방어하며 살아왔는지 비로소 볼 수 있었다. 도윤이의 공격성은 사실 생존을 위한 방패였는지도 모른다.

두 번째 카드는 **타워(The Tower). 무너지는 탑. 불꽃이 튀고 사람들이 떨어진다. 충격과 혼돈, 감정의 붕괴.**

나는 물었다.

"이건 무너지는 집이야. 이 집은 언제부터 무너지고 있었을까?"

도윤이는 조금 망설이다가 말했다.

"몰라요. 그냥 엄마는 매일 피곤해하고 할머니는 잔소리만 하고… 학교 가면 애들이 날 무시해요. 그래서 그냥 다 무너졌어요."

세 번째 카드는 **컵 6(Six of Cups). 두 아이가 꽃이 담긴 컵을 나누는 장면. 순수했던 유년기의 돌봄과 기억을 떠올리게 하는 카드다.**

나는 조용히 카드를 가리켰다.

"이건, 어릴 때 좋아했던 걸 생각나게 하는 카드야. 도윤이는 혹시 누가 다정하게 해줬던 기억이 있어?"

그 아이는 조용히 대답했다.

"어릴 때 엄마가 자장가를 늘 불러주셨어요. 진짜 어릴 땐 그랬어요. 요즘은 일하느라 늦게 와서 말도 별로 안 하지만요."

나는 도윤이에게 종이를 건넸다.

"이번엔 생각하면 마음이 조금이라도 따뜻해지는 걸 무엇이든 그려볼래?"

도윤이는 아주 천천히 그러나 주저 없이 손을 움직였다. 뾰족한 벽돌이 가득한 방을 그렸다. 그리고 그 방 한가운데 작게 웃는 강아지 한 마리를 그려 넣었다.

"이 강아지는 누구야?"

"옛날에 키웠던 멍멍이요. 얘는 내가 화내도 안 도망갔어요."

나는 말했다.

"도윤이 마음 안에도 그런 '도망가지 않는 나'가 있어. 도윤이가 도윤이 자신을 지켜주고 기억해주는 게 진짜 강한 거야."

초등학교 4학년 도윤이는 자주 분노를 터뜨렸다고 한다. 친구에게 욕설을 퍼붓고 발길질하고 수업 중엔 물건을 집어던지기도 했다. 그 작은 몸 안에 담긴 에너지는 거칠었고 때로는 어른조차 당황할 만큼 날카로웠다. 도윤이는 아버지가 없는 집에서 자랐다. 어머니는 늦게까지 일하느라 집에 거의 없어서 도윤의 일상은 대부분 외할머니와 함께한다. 그러나 할머니는 연세 탓인지 잔소리가 많았고, 도윤의 마음을 다정하게 들여다보진 못했다.

아이들은 종종 어른들이 생각지도 못한 발상을 하고, 곧 행동으로 옮긴다. 그 에너지는 이루 말할 수 없이 크고 지치지 않으며 때로는 어른들을 압도한다. 그러나 그 안에는 사실 사랑받고 싶은 마음과 '무너지지 않기 위해' 버텨온 어린 생의 고군분투가 숨어 있다.

도윤이의 분노는 '공격'이 아니었다. 그건 오히려 '나를 무너뜨리지 않으려는 마지막 외침'이었다.

학교에서
쓰러진 아이

완벽함의 그늘

"선생님, 아이가 어제 학교에서 쓰러졌어요. 병원에서도 아무 이상 없다는데…."

눈가를 훔치며 말하던 엄마의 얼굴엔 당황과 설명할 수 없는 불안이 서려 있었다. 병원에서도 학교에서도 뚜렷한 원인을 찾지 못했다. 아이의 몸은 얼어붙은 듯 굳어 있었고 입술은 굳게 닫혀 있었다.

그 아이의 이름은 연우(가명). 초등학교 1학년. 체구가 작고 말수도 적은 아이였다. 상담실에 들어설 때도 엄마의 손을 꼭 붙잡고 있었다. 자신을 숨기듯 조심스레 고개를 숙인 채 말없이 내 앞에 앉았다.

나는 말 대신 타로 카드를 건넸다.

"지금 마음이 하고 싶은 이야기를 이 카드들이 대신해줄 수 있어. 다섯 장만 뽑아볼까?"

타로 카드를 고르는 아이의 손은 카드보다도 작아 보였다. 작고 조심스러운 손끝이 고른 다섯 장의 카드는 이렇게 나왔다.

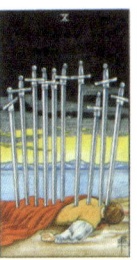

첫 번째 카드, 소드 8(Eight of Swords). **눈을 가린 인물이 여덟 개의 칼 사이에 둘러싸여 움직이지 못한 채 서 있는 모습.**
나는 아이에게 조심스레 물었다.
"이 그림을 보면 어떤 기분이 들어?"
잠시 머뭇거리던 연우가 말했다.
"움직이면 안 될 것 같아요. 틀리면 안 되니까."
그 짧은 한마디에 나는 아이가 어떤 긴장 속에서 살아가고 있는지 가늠할 수 있었다. 아직은 여덟 살, 마음껏 뛰놀 나이에 '틀리면 안 된다'는 두려움이 먼저 자리 잡은 아이. 완벽해 보이려 애쓰느라 한 발자국도 내딛지 못하고 있었던 것이다.

두 번째 카드, **완드 10(Ten of Wands). 무거운 지팡이 묶음을 혼자 짊어진 사람이 고개를 숙이고 앞으로 나아가는 그림.**
"이 사람은 뭘 들고 있어 보여?"
아이의 대답은 놀랍도록 명확했다.
"숙제요. 칭찬이요. 선생님이 말한 거요."
그 순간 나는 깨달았다. 연우는 쓰러진 게 아니었다. 연우는 움직이지 않음으로써 자신을 지켜낸 것이었다. 그 작고 여린 몸이 '이제는 못 견디겠다'고 조용히 외친 것이었다. 몸이 멈춘 건 너무 오래 힘들었던 마음의 비명이었다.

나는 연우에게 조심스레 물었다.
"지금 마음속 감정을 색으로 그려보면 어떤 색일까?"
잠시 고민하던 아이는 회색 크레파스를 꺼냈다. 작은 연못을 그리고 그 안을 천천히 칠해나갔다. 그리고 그 연못 주변에는 빼곡하게 돌을 채워 그렸다. 처음엔 옅은 회색 그러다 진회색, 마침내 검은색에 가까운 농도까지. 크레파스를 꼭 쥔 손끝엔 조용하지만 무거운 감정이 전해졌다. 나는 말없이 기다렸다.

세 번째 카드, **절제(Temperance). 컵 두 개를 들고 물을 옮기는 천사. 아픈 시간을 지나 천천히 희망을 회복하는 치유의 상징.**
"이건 마음이 아팠던 사람이 천천히 빛을 다시 찾는 카드처럼 보여요."
나는 세 카드를 하나하나 짚으며 연우에게 천천히 설명했다.
"연우야, 소드 8의 사람을 감고 있는 붕대는 조금만 몸을 움직이면 쉽게 풀 수 있는 거야. 모든 걸 잘해야 한다고 생각할 필요는 없어. 애쓰지 않아도 이미 잘하는 것들도 있잖아. 연우는 말도 조리 있게 잘하고 목소리도 예뻐. 조금 틀려도 얼마든지 고칠 시간이 있으니까 너무 조급해하지 않아도 돼."

한 달 뒤, 연우는 다시 상담실 문을 열었다. 이번엔 엄마 없이 혼자였다. 작지만 단단한 발걸음이었다. 작은 손으로 문을 닫고 나를 향해 고개를 드는 그 순간, 나는 이미 알 수 있었다. 이 아이는 지금 자기 마음으로 걷고 있다는 것을. 연우는 그동안 '틀리지 않아도 괜찮은 나'에서 한 걸음 더 나아간 연습을 해왔다. 완벽한 선을 그리려 애쓰던 손은 이젠 일부러 찌그러진 원도 그려보고, 색칠을 벗어나게도 해봤다고 했다. 그리고 그럴 때마다 "괜찮다. 오히려 재미있다."라고 격려해주시는 엄마가 늘 곁에 있었다.

"선생님, 이렇게 해도 되죠?"
연우는 물었지만, 그 말 안에는 이미 '이렇게 해도 괜찮다'는 자신감이 묻어 있었다. 정답만을 따르던 아이가 감정을 따르고 굳어 있던 마음을 하나하나 스스로 풀어내고 있었다. 그날, 연우는 타로 카드를 두 장 더 뽑고 싶다고 했다.

아이가 꺼낸 첫 번째 카드는 **소드 10(Ten of Swords). 한 인물이 땅에 쓰러져 있고 그 등에 열 개의 검이 꽂혀 있다.**
나는 조용히 말했다.
"연우야, 잘 봐. 저기, 하늘 아래 빛이 떠오르고 있어. 이건 끝이 아니라 새로운 시작이 열리는 자리야. 모든 게 무너졌을 때 진짜 마음이 다시 일어나는 법이거든."
연우는 조용히 카드를 바라봤다.

그리고 두 번째 카드를 펼쳤다. **완드 1(Ace of Wands). 하늘에서 손이 뻗어 나와 불꽃처럼 피어나는 지팡이를 움켜쥐고 있다.**
"연우야, 이 카드는 네 안의 불씨야. 다시 그리고 다시 느끼고, 틀려도 괜찮다는 걸 기억하면서 너만의 길을 시작할 수 있어."

연우는 말없이 고개를 끄덕였다. 연우는 여전히 말수가 많지는 않았지만 그 안에 담긴 단어들은 이전보다 훨씬 크고 선명했다.
"네. 엄마가 나는 틀려도 괜찮은 아이래요."

완벽함이 무너졌을 때 연우는 오히려 그 자리에서 진짜 연우로 섰다. 불안했던 선은 부드러워졌고 가늘었던 목소리는 조금 더 단단해졌으며 아이의 마음은 밝아졌다.

아이들은 종종 말 대신 몸으로 신호를 보낸다. 말을 할 수 없을 만큼 마음이 지칠 때, 그 마음은 몸으로 나타난다. 그 멈춤은 실패가 아니라 구조 요청이다. 그리고 그 신호에 누군가가 응답해줄 때, 아이는 비로소 말 대신 자기 자신을 표현하는 힘을 갖게 된다.

소년원에서
만난 눈빛

분노 이면의 사랑

내가 매달 미술치료 재능 기부를 가던 소년원 입구 바위에는 이런 문구가 새겨져 있다. "쓸모 있는 사람이 되라." 그 말은 언제나 내 마음을 복잡하게 만들었다.

쓸모란 무엇일까. 세상은 끝없이 우리에게 '쓸모 있는 존재가 되어야 한다'고 말한다. 좋은 대학, 안정된 직업, 남들보다 뛰어난 기능…. 사람들은 자신을 '유용한 물건'처럼 만들어야 한다고 믿는다. 그렇지 않으면 존재 자체가 무가치하다고 느끼게 된다.

하지만 나는 누군가 쓰러지고도 다시 일어서는 그 자리에 설 때마다 '쓸모'란 단어가 얼마나 다양한 표정을 갖고 있는지를 실감한다. 세상 모든 것에는 저마다의 쓰임이 있다. 쓸모없다는 말은 '가치가 없다'는 뜻이 아니다. '아직 그 쓰임새를 찾지 못했다'는 말일 뿐이다.

소년원을 찾았을 때, 나는 그런 존재들을 만났다. 잘못을 저질렀고 비난을 받았고 가족에게도 외면당한 아이들. 하지만 그 눈빛만은 누구보다 깊고, 조용히 무언가를 외치고 있었다.

그날 만난 아이는 열다섯 살의 준희(가명). 원조교제로 수용된 그 아이는 말이 거의 없었다. 담당 교사는 이렇게 말했다.
"말을 안 해요. 상담도 마지못해 왔어요."
상담실 문이 열리고 준희가 들어왔다. 의자에 앉은 그는 팔짱을 낀 채 시선을 피했다. 나는 억지로 말을 끌어내지 않았다.
"이건 타로 카드야, 우리 그냥 뽑아보자. 머리로 생각하지 말고 손이 가는 대로."
준희는 천천히 손을 뻗었다. 조용히 그러나 주저 없이 오른쪽 아래에서 다섯 장의 카드를 골랐다.

첫 번째 카드, **타워(The Tower)**. 무너지는 성, 벼락, 충격과 붕괴.
"이건 갑자기 무너지는 순간이야. 근데 사실은 성은 아주 오랫동안 흔들리고 있었던 거야. 겉으론 멀쩡해 보였지만 속은 이미 금이 가 있었던 거지."
준희는 말이 없었다. 하지만 손끝으로 조용히 카드를 만지고 있었다. 침묵 속에서 나는 아이의 목소리를 들을 수 있었다.

"그냥, 난 원래 이렇게 살았어요."
준희는 내 눈을 피했다. 조용한 공기가 방 안을 가득 메웠다.

두 번째 카드, **달(The Moon). 혼란, 감정의 미궁, 두려움.**
"이 카드는 감정을 숨기면 숨길수록 더 무서워지는 밤이야. 감정이 정리가 안 되고 길을 잃은 상태. 스스로도 왜 이러는지 모를 때가 있으니까."
준희는 약간 놀라는 듯했다.
"이상하네요. 타로는 그냥 장난 같다고 생각했는데…. 뭐랄까 내 맘같이 맞아요."

세 번째 카드, **힘(Strength). 사자를 쓰다듬는 여인. 단단한 인내와 부드러운 용기.**
"이건 진짜 강한 사람에 대한 이야기야. 강한 사람은 주먹을 쓰는 게 아니라 자기 분노를 꺼내어 말할 수 있는 사람이야."
준희는 처음으로 내 눈을 바라봤다. 오랜 시간 닫혀 있던 창이 아주 조금 열린 느낌이었다. 나는 조용히 종이 한 장과 연필을 내밀었다.
"지금 네 안에 있는 걸 말로 하지 말고 그림으로 그려봐."
준희는 몇 분 동안 멈춰 있었다. 그러다 손을 움직였다. 종이 위에는 검은색으로 꽉 쥔 주먹이 그려졌다. 그리고 그 아래 조그맣게 구겨진 종이 한 장.
"이건 뭐야?"
"편지요. 쓰고 싶었는데 못 쓴 거요."
"누구한테?"

"엄마요."

네 번째 카드, **컵 5(Five of Cups). 뒤돌아선 인물, 쏟아진 컵, 놓쳐버린 것들, 그리고 아직 남아 있는 희망의 잔.**
"이 카드는 슬픔과 후회야. 이미 흘러간 것에 마음을 빼앗겨 아직 남아 있는 걸 못 보는 상태."
준희는 그 말을 오래도록 곱씹더니 나직하게 말했다.
"제가 저거 같아요. 죄송하다고 말하고 싶은데, 이미 망가뜨린 것만 생각나요."
"근데 아직 두 개의 컵은 안 넘어졌어. 네가 아직 하고 싶은 말이 남아 있다는 뜻이야."

마지막 카드, **별(The Star). 고요한 회복, 희망의 시작, 어두운 밤이 지난 후 떠오른 빛.**
"타로는 마법은 아니지만…." 준희가 말했다.
"내 속마음을 꺼내준 건 이번이 처음이에요. 말 안 해도 이해받을 수 있다는 걸 처음 알았어요."

소년원은 종종 처벌의 공간으로만 여겨진다. 하지만 나는 믿는다. 그곳은 다시 태어날 수 있는 문이기도 하다는 걸.

타로는 "너는 나쁜 아이가 아니라 상처 입은 아이야."라는 말을 준희에게 처음으로 들려주었다. 그 말은 누군가를 바꾸지는 않지만 그 사람 안의 문을 열어준다. 그리고 그 문을 지나면 우리는 처음으로 자신에게 묻게 된다.
"나는 진짜 어떤 사람이 되고 싶은가?"

소년원의 아이들은 자기만의 쓸모를 찾아가는 중이다. 그 쓸모란 세상이 정한 기준으로는 측정되지 않는다. 때로는 누군가에게 진심을 담아 편지를 쓰는 일 또는 한 사람의 이야기를 끝까지 들어주는 그 순간이 누군가에겐 다시 살아갈 이유가 되기도 한다.

그런 순간이 찾아오면 그들은 더 이상 '나쁜 아이'가 아니다. 다만 너무 오래 울지 못했던 아이일 뿐이다.

소년원 안에는 오히려 바깥세상이 두려워서 나가고 싶지 않다고 말하는 아이들도 있다. 밖으로 나가면 자신의 의지와는 상관없이 가출팸이나 범죄의 경로에 다시 휘말릴까 두려운 까닭이다. 집으로 돌아가봐야 기댈 어른이 없거나, 설령 있다 해도 부모조차 상처를 주는 경우가 많기 때문이다.

우리가 '우리 아이들'이라 부르는 그 아이들은 과연 어디로 가야 하는 걸까? 누구의 아이도 아닌 채 또다시 어둠 속으로 던져지는 아이들이 정말 필요로 하는 건 무엇일까?

그 물음 앞에 우리 어른들은 아직 대답하지 못하고 있다.

너는 이미 빛을
품고 있어

청소년 따돌림

상담 의자 끝에 조심스럽게 앉은 은서(가명)는 마치 스스로를 숨기듯 무릎 위에 두 손을 꼭 모으고 있었다. 눈은 자주 흔들렸고 침묵은 말보다 길었다.
"학교는 어때?"
"재미없어요. 가기 싫어요."
"왜?"
"그냥요."
그냥이라는 말에는 많은 것이 숨어 있다. 외면, 방어, 혹은 말로 설명할 수 없는 감정의 덩어리. 나는 말 대신 타로 카드를 펼쳤다.

첫 번째로 나온 카드는 **달(The Moon)**. 불분명한 달빛 아래에서 개와 늑대가 함께 짖고 있다.

"이건 주변의 시선과 어수선함 때문에 '진짜 나'를 제대로 보기 어려울 때 나오는 카드야. 누군가가 널 이상하게 본다는 생각 때문에 결국엔 은서가 스스로를 낯설게 느끼게 만들었을 수도 있어."

두 번째 카드는 **펜타클 5(Five of Pentacles)**. 차가운 눈길 위를 맨발로 걷는 아이들. 그들은 성당의 따뜻한 창을 지나치고 있지만 그 안의 빛을 보지 못한 채 고개를 푹 숙이고 있다.

"이건 소외감의 카드야. 너무 오래 춥고 외롭게 있으면 내 안의 온기조차 얼어버릴 수 있거든. 하지만 잘 봐. 창 안엔 여전히 불이 켜져 있어. 그게 중요하단다. 이 사람들은 아직 그걸 못 보고 있을 뿐이고."

은서는 그 카드에서 한참 눈을 떼지 못했다.

세 번째 카드는 **소드 9(Nine of Swords)**. 이불 속에서 머리를 감싸 안고 울고 있는 여인의 모습.

"밤에 잠을 잘 못 자니?"

"네. 밤에 혼자 있을 때 자꾸 생각이 많아져요. '내가 뭘 잘못했을까?', '왜 나만 이럴까?' 같은 거요."

그 말에 나는 숨을 고르고 천천히 카드를 덮었다.

"이건 꿈과 악몽, 죄책감 같은 감정들이 고개를 들 때 나오는 카드야. 하지만 기억해. 이건 진실이 아니라 '두려움이 만든 그림자'일 뿐이라는 걸."

나는 은서에게 색연필과 종이를 건넸다.

"이제 네 안에 있는 별 하나를 그려줄래? 지금의 너 말고, 네가 잊고 있던 '빛나는 너'를 떠올리면서."

은서는 잠시 망설이다가 연두색을 골랐다. 그리고 조용히 동그란 별 하나를 그렸다. 별 위엔 작은 물방울들이 반짝였고 별은 묘하게 따뜻한 기운을 품고 있었다.

"이 별은 어떤 별이야?"

"음… 혼자 있는 별이요. 그냥 조용하고 편해요."

아이의 말을 듣는 순간, 나는 네 번째 카드 **컵 3(Three of Cups)이 눈에 들어왔다. 함께 손을 맞잡고 춤추는 세 여인의 모습.**

그건 마치 '마음이 회복될 때 맺어지는 새로운 연결' 같았다. 나는 말했다.

"아마 이 별은 누군가에게 잘 보이진 않아도… 자기만의 빛으로 충분히 환한 별일 거야. 그리고 언젠가 그 빛을 알아보는 사람들과 연결될 거야. 은서가 스스로를 이해하고 지키기 시작했을 때."

마지막으로 펼쳐진 카드는 **별(The Star). 작은 항아리로 물을 따르고 있는 여인 그리고 밤하늘의 별빛.**

"이건 다시 살아나기 시작하는 마음이야. 상처받았던 곳에서 새싹이 돋을 때 이 별이 뜨는 거야."

그날 이후, 얼마 지나지 않은 어느 날, 은서가 환한 얼굴로 말했다.

"이젠… 제가 좀 괜찮은 사람이라 느껴져요."

그 말은 타인이 해주는 수천 개의 위로보다 더 깊었다. 자신을 다시 바라보기 시작한 사람만이 할 수 있는 고백이었다. 타로 카드는 조용히 말을 걸었고, 그림은 스스로를 회복하는 손짓이 되었다. 특히 상처받은 청소년에게는 '정답을 주는 말'보다 '자신이 그린 상징'이 훨씬 더 멀리, 더 깊이 도달한다.

생각을 밝게 하도록 훈련하는 것이 중요하다. 매사를 긍정적으로 보고 유머를 즐기면 사고를 긍정적으로 발전시키는 데 도움이 되며, 매일 억지로라도 웃으려고 노력하면 사고의 색깔이 밝은색으로 바뀐다. 이 밖에도 매사에 감사하는 훈련을 하는 것, 남의 훌륭한 면을 보거나 우연히 선행을 하는 고양 과정을 경험하는 것, '몰입'을 통해 순수한 즐거움을 체득하는 것 등이 사고의 폭을 넓히고 행복감을 느끼게 하는 계기가 된다.

게임 속에선
내가 누군지
확실해요

게임중독 아동

"거긴요, 제가 있어요. 게임 속에선 내가 뭘 잘하고 누굴 이기고 뭘 얻었는지가 명확하거든요. 근데 현실은… 그냥 아무것도 아닌 거 같아요."

소년은 고개를 푹 숙인 채 그렇게 말했다. 목소리는 단조로웠지만 그 말에는 조용한 울분과 단절의 감정이 묻어 있었다.

남희(가명), 15세. 하루 10시간 이상 게임을 하며 가족과는 거의 대화하지 않는 아이. 부모는 남희를 "의욕 없는 아이" 혹은 "말이 안 통하는 아이"라고 불렀다. 나는 남희의 이야기를 들으며 천천히 타로 카드를 펼쳤다.

첫 번째로 나온 카드는 **은둔자(The Hermit). 손에 등불을 들고 절벽 끝에 선 노인의 모습이 그려져 있다.**

"이 카드는 혼자 있는 사람의 그림이야. 혼자라는 건 누군가로부터 고립됐다는 느낌일 수도 있고 스스로 세상과 거리를 두고 있다는 의미일 수도 있어. 게임은 어쩌면 그 거리에서 잠시 숨을 고를 수 있는 남희만의 동굴처럼 느껴졌겠네."

남희는 고개를 살짝 끄덕였다. 그 눈빛 속에는 '이해받고 있음'에 대한 낯선 놀라움이 스쳤다.

다음으로 펼친 카드는 **매달린 남자(The Hanged Man). 거꾸로 매달린 남자는 평온한 얼굴로 하늘을 응시하고 있다.**

"이 카드는 '멈춤'을 말해. 움직이기 전에 세상을 거꾸로 보는 시간. 지금 남희의 현실은 고장 난 게 아니라 해석이 멈춰 있는 거야. 지금 필요한 건 조급한 변화가 아니라 완전히 다른 시선이야."

세 번째 카드는 **컵 7(Seven of Cups). 허공에 떠오른 일곱 개의 컵. 그 안엔 보석, 용, 가면, 꽃, 뱀, 천사… 온갖 유혹과 환상이 담겨 있다.**

"이 카드는 선택의 혼란과 환상을 의미해. 게임 속 세계는 너무 많고 아주 화려하지. 그 안에서 넌 강하고 똑똑하고 유능하지만… 이 카드는 '현실에 네가 갈 수 있는 길이 있다'고 말하고 있어."

남희는 조금 숨을 내쉬듯 말했다.

"근데… 전 진짜 현실에선 아무것도 아닌 것 같아서요. 말을 해도 다 그냥 지나가고요."

나는 네 번째 카드를 펼쳤다. **소드의 기사(Knight of Swords). 검을 높이 들고 돌진하는 젊은 기사.**
"이 카드는 마음이 급하고 머릿속 생각이 너무 빠를 때 나와. 남희는 사실 되게 예민하고 생각도 많고 그래서 '게임 속 명확한 세계'가 마음 편했을지도 몰라. 현실은 너무 애매하고 답도 없으니까."

잠시 우리는 조용히 있었다. 그 정적 속에서 나는 그림 도구를 꺼냈다.
"이제 하나의 그림을 그려보자. 게임 속에서 남희 캐릭터는 어떤 모습이야? 그 캐릭터가 현실에 나타난다면 어떤 모습일까? 현실의 나와 게임 속의 나를 하나의 인물로 그려보는 거야."
잠시 망설이던 남희는 곧 검은 망토를 입은 기사 한 명을 그렸다. 그 기사는 모니터가 아닌 바깥세상에 서 있었다.

마지막으로 펼친 카드는 **태양(The Sun). 그건 고요한 희망과 회복의 상징이다.**
"이건 네 안에 있는 '되살아나는 생명력'이야. 희망이란 게 뭔가 거창한 목표가 아니라 그림 한 장, 문장 한 줄, 혹은 누군가와 처음으로 제대로 나눈 대화일 수도 있어."

그 후로 몇 차례 상담이 더 이어졌고, 남희 부모님과의 타로 상담도 병행되었다. 우리는 '게임 끊기'라는 단어를 쓰지 않았다.

그 대신 '현실에 나를 등장시켜보기'라는 새로운 방식을 시도했다. 그리고 몇 주 뒤, 남희는 스스로 게임 시간을 줄이기 시작했다고 한다.

'게임 중독'을 단순한 통제력의 실패가 아닌, 현실 속에서 상실된 자아를 대체하려는 본능적인 시도로 바라보았다. 네덜란드의 역사학자 요한 하위징아는 말했다. 인간을 인간답게 만드는 건 '생각하는 것' 그 이상 '놀이하는 것' 그리고 '그 놀이를 예술과 문화로 승화시키는 능력'이라고. 소년에게 게임은 단순한 도피가 아니었다. 소년은 거기서 존재했고 성취했고 소통했다. 그리고 이제 그 의미의 일부를 현실로 옮겨오기 시작한 것이다. 그건 탈출이 아니라 확장이다. 아이의 자아가 다시 현실의 빛 아래서 서서히 형태를 갖추기 시작한 것이다. 그리고 아이가 그런 노력을 할 때 곁에서 어른들이 건네는 다정한 대화가 필요하다.

학교에 다녀온 아이에게 우리는 대개 어떤 말을 할까? 보통 "빨리 씻고 공부해"일 것이다. 그 말을 듣는다고 공부하고 그렇지 않다고 공부를 안 하는 것도 아닌데 말이다. 차라리 "어서 와. 오는 길이 춥진 않았어?" 혹은 "오늘 학교에서는 언제 웃었어?"라는 질문을 하면 어떨까? 긍정의 질문만 하는 다정한 규칙을 만들면 좋을 것 같다. 좋은 대화는 먼저 말을 건네는 사람의 마음도 치유한다.

<일월몽유도-소원>, 30×40cm, 한지에 옻칠물감, 2020

2부

가족이라는 울타리 안에서

상처와 사랑이 동시에 존재하는
관계의 타로 상담

<일월몽유도-우주의 나비>, 125×70cm, 한지에 구채옻칠, 2019

엄마처럼
살기 싫어요

**엄마를 닮은
딸의 성장 타로**

지윤(가명)은 조심스럽게 손끝으로 컵을 만지작거리며 입을 열었다. 처음엔 그저 조용한 표정이었다. 하지만 말이 시작되자 그 안에 한참 동안 눌러두었던 외침이 들렸다.
"사실은요, … 전 엄마처럼 살기 싫어요. 근데… 문득 거울을 보면 저한테 엄마 얼굴이 있어요."
그 한마디에 묘한 침묵이 흘렀다. 스물여섯. 학원에서 강사로 일하며 혼자 자취 중. 성실하고 말수 적은 성격. 겉으로 보기엔 괜찮아 보이지만 그녀는 지금 삶에서 스스로 어디쯤 있는지조차 잘 모르겠다고 말했다.
"엄마는요… 아빠가 바람을 피워도 참았어요. 자식들 교육은 포기하지 않으려고 온갖 고생을 다 했고요. 겉으로는 강한 척 했지만… 속으로는 늘 울었어요. 그 모습이 너무 답답하고 안쓰럽고 솔직히 싫었는데…."
지윤은 말을 멈췄다.
"이상하게, 저도 똑같아지고 있더라고요."

나는 타로 카드를 조용히 섞으며 물었다.
"그럼 지금 이 순간, 가장 알고 싶은 건 뭐예요?"

지윤은 머뭇거리다 입술을 살짝 깨물고 말했다.
"나는 어떻게 살아야 나답게 살 수 있을까요?"

첫 번째 카드, **소드의 여왕(Queen of Swords). 카드 속 여왕은 검을 높이 들고 앞을 응시하고 있다. 진실을 꿰뚫는 눈빛. 감정보다 이성을 택한 사람. 말없이 삶을 해석하려 애쓰는 사람.**
"지윤 씨는 생각이 깊고 마음이 단단해요. 하지만 너무 날카롭게 스스로를 잘라내며 살아온 것 같아요."
지윤은 고개를 천천히 끄덕였다.
"전 감정을 잘 억눌러요. 화를 내도 슬퍼도 누군가 예민하다고 할까 봐 다 참아요."
"이 여왕은 감정이 없는 사람이 아니라 너무 오래 눌러놔서 차갑게 보이는 사람이에요. 지윤 씨도 그리고 지윤 씨의 엄마도… 감정을 회복할 시간이 필요해요."

두 번째 카드, **악마(The Devil). 검은 배경. 사슬에 묶인 두 사람. 그들의 눈은 무기력하고 그 배경엔 벗어날 수 없는 반복의**

기운이 감돈다.
지윤은 숨을 깊게 들이켰다.
"이게 마치 저 같아요."
"어떤 부분에서요?"
"엄마를 원망했는데 알고 보니 저도 비슷한 남자를 만나고 참고 용서하고, 반복해요. 다시는 그러지 않겠다고 다짐했는데도… 그게 자꾸 되풀이돼요."
나는 조용히 말했다.
"악마는 내게 가장 약한 부분을 달콤하게 어루만지듯 접근해요. 외면하는 게 아니라 의식화해야 해요. 사슬은 내가 인식할 때 비로소 풀려요. 그리고 그 사슬은 누구도 대신 풀어줄 수 없어요. 오직 자신만이 할 수 있어요."
지윤의 눈가에 고요한 눈물이 맺혔다.

세 번째 카드, **운명의 수레바퀴(Wheel of Fortune). 삶은 늘 흘러간다.**
"엄마를 닮았다고 해서 똑같은 길을 걷는 건 아니에요. 그건 선택한 게 아니라 몰랐기 때문에 흘러간 거예요. 하지만 이제는 알아차렸잖아요. 이제는 다르게 살아갈 수 있어요. 운명의 수레바퀴는 멈춘 것처럼 보이지만 지금 이 순간에도 돌아가고 있어요. 지윤 씨의 의식이 변하면 그 흐름도 달라질 수 있어요."

네 번째 카드 **여황제(The Empress). 풍요와 돌봄, 생명력을 상징하는 여신.**
지윤은 이 카드 앞에서 한참을 멈췄다.

"이건 내 안의 여성을 회복하는 카드예요. 엄마는 강해 보였지만 늘 외로웠을 거예요. 그 외로움을 몰랐기에 지윤 씨도 그저 '버텨야만 하는 사람'으로 살아온 거예요. 이제부터는 돌봄의 방향을 바꿔야 해요. 누군가를 위해 희생하는 삶이 아니라 스스로를 돌보는 여성으로 살아가는 것. 그게 바로 여황제예요."
지윤은 조용히 눈을 감았다. 그리고 아주 작게 말했다.
"엄마한테, 미안해요."
그건 원망의 끈을 내려놓는 첫 문장이었다.

 마지막 카드 **컵 10(Ten of Cups). 비가 갠 하늘 아래 무지개, 서로의 어깨를 감싸안은 가족. 아이들은 웃고 세상은 평화롭다.**
나는 마지막으로 말했다.
"이 카드는 마음의 고향을 회복하는 카드예요. 엄마를 다시 엄마라고 부를 수 있게 되는 것. 그 순간 마음에 돌아갈 자리가 생겨요. 그 고향은 특정한 장소가 아니라 '이해와 용서'가 머무는 자리예요. 누군가에게 '딸'이라는 말로 돌아가고 누군가에게 '엄마'라는 이름을 줄 수 있는 그 순환이 바로 우리의 회복이에요."

상담이 끝난 날, 지윤은 처음으로 웃었다. 작은 미소였지만 그 안엔 단단한 의지가 담겨 있었다. 누구의 딸도 누구의 여자친구도 아닌 지윤이라는 이름으로 살아가기 위한 여정. 그 시작점에서 지윤은 엄마를 용서했고 자신을 이해하기 시작했다. 그리고 이제는 알게 되었다. '엄마처럼 살기 싫다'는 말은 결국 엄마도 나도 괜찮은 삶을 살 수 있기를 바라는 마음에서 비롯된 것이라는 걸.

그 바람을 품은 순간, 지윤의 수레바퀴는 새로운 방향으로 돌아가기 시작했다.

세 채의 집, 그리고
한 장의 칼

어느 날, 상담실 문을 열고 들어온 여자의 눈매는 날카로워보였다. 단정한 옷차림, 짙게 그려진 눈썹, 어두운 립스틱. 매무새 하나 흐트러짐 없는 사람이었다. 하지만 어딘가 서늘하게 느껴졌다.

"집이 세 채 있어요. 어디가 제일 돈이 될까요?"

나는 조용히 카드를 섞었다. 마치 낱장마다 결을 쓰다듬듯 천천히 정중하게 그리고 세 채의 집을 생각하며 각 세 장씩 뽑도록 했다.

"첫 번째 집을 떠올려 주세요."

펜타클 5(Five of Pentacles), 소드 5(Five of Swords), 소드2(Two of Swords). 금이 간 성당 앞에 몸을 웅크린 두 사람. 외면과 결핍, 다툼과 상처, 그리고 결단하지 못하는 갈림길.

"두 번째 집을 떠올리세요."

소드 7(Seven of Swords), 소드 2(Two of Swords), 컵 5(Five of Cups). 깊은 밤, 검을 훔쳐 도망치는 그림자. 뒤는 돌아보되 발끝은 조용하다. 들키지 않기 위해. 숨김, 양심의 흔들림, 그리고 어두운 후회.

"마지막으로 세 번째 집을 떠올려보세요."

펜타클 10(Ten of Pentacles), 정의(Justice), 컵 7(Seven of Cups). 넉넉한 집안, 대를 잇는 전통, 모두가 함께 웃는다. 안정, 가치, 그리고 선택의 기로.
이 집은 '돈'만의 문제는 아니었다.

카드를 다 펼쳐 놓고 한참을 말이 없었다. 소드 7(Seven of Swords) 카드 하나가 머릿속에서 자꾸 맴돌았다. 부동산이나 유산, 재산 관련 상담에서 이 카드가 중심에 나올 때, 나는 직감한다. 누군가가 누군가를 속이고 있다.

"두 번째 카드가 조금 특별하네요." 나는 조심스레 말을 꺼냈다. "이건 누군가가 몰래 무언가를 들고 달아나는 모습이에요. 계속 뒤를 돌아보면서도 손에 쥔 걸 절대 놓지 않죠."

그녀는 조용했다. 표정 하나 눈썹 한 번 움직이지 않았다. 그 침묵은 당황이 아닌 계산이었다.

"혹시 이 세 채 중 가족과 관련된 집이 있나요?"
"가족이요?" 그녀가 입꼬리를 올렸다.
"다 저희 집이죠. 명의만 조금씩 다를 뿐."

그 순간, 무언가 툭 하고 안에서 연결되는 소리가 났다. 이건 '돈 되는 집 고르기'가 아니다. 가족을 피해서 가장 안전하게 돈으로 바꿀 수 있는 집을 찾는 상담인 것 같았다.

나는 세 번째 집을 가리켰다.
"이 집은 단순한 부동산이 아니라 가족이 함께 쌓아온 기억이 깃든 집이에요. 경제적 가치도 크지만 정서적으로도 놓기 어려운 무게가 느껴집니다."

그녀는 자리에서 일어나며 말했다.
"제가 원하던 답은 아니지만 흥미롭네요. 두 번째 집, 큰오빠 명의로 된 건데, 사실 조용히 제 명의로 옮기려 했는데 안 되겠네요. 카드 한 장이 사람 마음을 이렇게 흔들 수 있다니 무섭기도 하네요."

그녀가 떠나고 상담실은 다시 고요해졌지만 소드 7(Seven of Swords)의 날카로움은 오래도록 내 마음을 베었다. 진실은 때때로 칼이 된다. 하지만 그 칼을 곧장 들이대는 대신 그림자 곁에 조용히 빛을 비추는 쪽이 더 지혜로울 때도 있다.

타로 상담을 하다 보면, 종종 '도의적인 판단'의 경계에 선다. 외도를 멈추지 못하는 사람, 누군가를 미워하며 복수를 꿈꾸는 사람, 남몰래 재산을 옮기려는 사람….

상담을 듣는 내 마음속에 잔잔한 파문이 인다.
'이건 옳지 않아.'
'왜 이렇게까지 하지?'
'이건 누군가에게 상처가 될 텐데…'

하지만 그 순간, 나는 스스로에게 묻는다. 타로는 옳고 그름을 판가름하는 도구가 아니다. 욕망과 망설임, 불안과 갈등이 드러날 뿐. 그 앞에서 내가 할 일은 판단이 아니라 이해다. 우리는 신이 아니다. 내담자의 삶을 대신 결정해줄 수 없다.

다만 그 사람이 자기 자신에게 더 솔직해지도록 돕는 것. 삶의 결정 앞에서 스스로에게 진짜 질문을 던지도록 하는 것이다.

아빠는 왜 이제야
친구하자고 해요?

유년 시절 방임

고2 민우(가명)는 상담실 문을 무겁게 밀고 들어왔다. 얇은 회색 후드티에 검정 운동화, 무표정한 얼굴. 말없이 턱을 괴고 창밖만 바라보는 모습은 '나는 말하고 싶지 않다'가 아니라 '무슨 말을 해야 할지 모르겠다'는 눈빛에 가까웠다.

나는 조용히 타로 카드를 꺼내며 물었다.

"민우야, 지금 마음이 어떤지 말해줄 수 있을까?"

민우는 한동안 아무 말이 없었다. 그러다 창밖을 본 채 낮은 목소리로 툭 던졌다.

"아빠가 요즘 갑자기 나한테 말 걸고 게임하자고 해요. 웃겨요. 어릴 땐 맨날 집에 없었으면서…"

그 말끝엔 억울함과 원망 그리고 무엇보다 지켜지지 못한 기대의 흔적이 스며 있었다. 울지는 않았지만 목소리는 금이 간 유리창처럼 아슬아슬하게 떨리고 있었다.

"그런데 그게 또… 싫진 않아요. 그게 더 짜증나요."

그 말은 민우가 평생 혼자 꾹꾹 눌러 담아왔던 가장 복잡하고, 가장 진짜 같은 감정이었다.

민우가 뽑은 첫 번째 카드는 **은둔자(The Hermit)**. 어두운 산길을 등불 하나에 의지해 걷는 노인의 모습.

"이건 '은둔자'라는 카드야. 세상과 거리를 두고 혼자 안으로 들어간 사람. 닫혀 있는 게 아니라, 너무 오래 외로웠던 사람일 수도 있어."

민우는 그 말을 듣고 잠시 고개를 떨궜다.

"전요, 어릴 땐 매일 혼자 밥 먹고, 혼자 숙제하고… 아빠는 바쁘다며 거의 집에 없었어요."

민우가 선택한 은둔자는 방임의 상처 위에 쌓인 고요한 단절이었다. 혼자 있는 게 익숙해졌고, 이제는 그 단절 속에서 자기 마음을 꺼내는 것조차 두려워진 상태였다.

두 번째 카드, **달(The Moon)**. 불안하고 모호한 상징들이 가득한 '달'이다. 길을 방해하는 개와 늑대, 바다에서 기어 나오는 가재, 모든 것이 명확하지 않은 밤.

민우는 그 그림을 한참 바라보다가 조심스레 말했다.

"어쩌면 아빠가 정말 미운 건 아닌 것 같아요. 그냥… 어쩔 줄 모르겠어요. 가끔은 같이 밥 먹고 웃고 싶기도 해요. 근데 그러면 제가 지는 것 같고… 아빠가 날 방임한 게 그냥 없던 일이 되는 것 같아서…"

나는 조용히 대답했다.
"'달'은 우리 안의 모순을 보여주는 카드야. 분노와 그리움은 함께 존재할 수 있어. 너는 아빠를 원망하면서도 한편으론 여전히 그리워하고 있는 거야. 그건 나약한 게 아니라 그만큼 관계를 진심으로 회복하고 싶다는 증거야."

세 번째 카드, **연인(The Lovers). 연애를 상징하는 카드로 오해받기도 하지만 사실 이 카드는 '선택'과 '진심의 교차점'을 의미한다.**
민우는 카드를 보고 놀란 듯 말했다.
"이건… 연애 카드 아닌가요?"
나는 웃으며 고개를 저었다.
"연인은 단순한 사랑이 아니라 두 존재가 서로를 마주볼 준비가 되었는지를 묻는 카드야. 지금 민우가 겪는 이 복잡한 감정들, 사실은 마음 깊은 곳에서 '아빠랑 진심으로 이야기해보고 싶다'는 바람일지도 몰라. 서운함을 묻어두고라도 한 번쯤은 진짜 속마음을 꺼내고 싶은."
민우는 말없이 그 카드를 가만히 바라봤다.

네 번째 카드, **교황(The Hierophant). 카드 속 교황은 두 사람에게 가르침을 전하고 있다. 이 카드는 때로 '세대 간의 화해', '지혜로운 소통의 다리'를 상징하기도 한다.**

나는 조용히 말했다.

"교황은 다리를 놓는 사람이야. 민우가 먼저 마음을 열면 아빠도 그 다리를 건널 수 있어. 너무 늦은 듯 보이는 순간에도 마음을 나눌 기회는 늘 남아 있어."

민우는 낮게 한숨을 쉬었다. 그리고 말했다.

"그럼, 진짜 한번 말해볼까요? 섭섭했다고 그래도 알고는 싶다고."

난 말없이 고개를 끄덕여주었다.

 다섯 번째 카드, **펜타클 8(Eight of Pentacles). 작업대 앞에서 묵묵히 동전을 새기고 있는 장인의 모습.**
기술은 한 번에 완성되지 않는다. 관계도 마찬가지다. 진심이 쌓일 때마다, 조금씩 단단해지는 것이다.

그날 이후, 민우는 아버지에게 말을 걸었다. 많이 어색했고 서로 눈을 잘 마주치진 못했지만 그럼에도 불구하고 그들 사이엔 진심이 스며드는 작은 균열이 생기기 시작했다.

며칠 뒤 민우는 말했다.

"아빠에게 직접 말했어요. 어릴 때 섭섭했고 지금도 다 풀린 건 아니지만… 그래도 알고 싶다고."

그는 또 말했다.

"어린 내가 바란 건 완벽한 아빠가 아니라 미안하다고 말할 줄 아는 아빠였다는 걸… 지금에서야 알았어요."

부자(父子) 관계는 때로 세상에서 가장 먼 거리다. 말이 없어도

통하는 듯하지만 그 말 없음이 오히려 마음의 문을 더 굳게 닫는다. 아버지는 침묵으로 사랑을 주고, 아들은 그 침묵을 오해하며 자란다. 그리고 그렇게 엇갈린 두 마음은 서로를 닮았기에 더 서툴고 그래서 더 애틋하다. 하지만 그 간극은 한 번의 대화, 한 장의 카드, 그리고 무엇보다 한 사람의 용기로 조금씩 좁혀질 수 있다. 민우는 말했다.
"아빠가 지금이라도 친구 하자고 해서… 처음엔 너무 얄밉고 어이없었는데요. 근데 지금은 좀 좋기도 해요."

아이는 그렇게, 미워하던 아빠를 통해 자신의 마음을 알아가고 있었다. 그건 오래 걸리는 치유였지만 분명한 회복의 시작이었다.

따뜻한 불륜과
차가운 가정폭력

선택 이전의 내면

그녀는 말없이 자리에 앉았다. 나와 눈을 마주치지 못했고 손끝은 여전히 가방끈을 움켜쥔 채였다. 침묵은 무거웠고 그 무게만큼 그녀는 지쳐 있었다. 쉽게 꺼낼 수 없는 마음이라는 걸 그 자리에 앉은 순간 나는 알아차릴 수 있었다.
그래서 내가 먼저 조용히 말했다.
"말로 하기 어려운 마음, 타로 카드가 대신 말해줄 수도 있어요. 지금 마음으로 카드를 한 번 골라보시겠어요?"
그녀는 잠시 머뭇거리다 천천히 손을 뻗어 다섯 장의 카드를 뽑았다.

첫 번째 카드는 **악마(The Devil). 남녀가 쇠사슬에 묶인 채 날개를 펼친 악마 앞에 서 있다.**

"이 카드는 쾌락처럼 보이지만 실은 벗어나지 못하는 얽힘을 말해요. 자유로운 듯 보이지만 죄책감과 자기 비난 안에 갇혀 있는 상태예요."

그녀는 고개를 떨궜다.

"남편이 화내기 전에는요. 가끔은 진짜 잘해줄 때도 있어요. 그래서 저도 착각해요. 이번엔 다를까 하고. 근데 결국 또 맞고 나면… 이게 제 잘못 같아요."

나는 묻지 않았다. 그녀가 이미 알고 있었기 때문이다. 그 죄책감이 정말 '자기 것'인지 아니면 오랫동안 강요당해온 감정의 틀 속에서 주입된 무게였는지를.

두 번째 카드는 **컵 2(Two of Cups). 서로를 바라보며 잔을 나누는 두 인물. 이전의 카드와는 전혀 다른 분위기.**

"이 카드는 감정이 오가는 관계, 서로를 존중하는 마음의 교류를 말해요."

그녀는 조심스럽게 입을 열었다.

"직장에서 제 얘기를 들어주는 사람이 있어요. 제가 별 얘기 안 해도 그냥 힘들었겠다고 말해줘요. 그 한마디가… 너무 따뜻했어요."

나는 고개를 끄덕였다.

"타로 카드는 그 관계가 옳다 그르다 말하지 않아요. 그저 선영 씨가 지금 처음으로 존중받는 감정을 경험하고 있다는 걸 보여주는 거예요. 그건 비난받을 게 아니라 마음이 깨어나는 순간이에요."

 세 번째 카드는 **정의(Justice). 눈을 뜬 채 저울과 검을 들고 정면을 응시하는 여성.**
"정의 카드는 이성과 선택 그리고 그 결과를 마주하는 카드예요. 선택이란 건 단지 상황을 바꾸는 게 아니라, '나는 어떤 삶을 살 것인가'를 묻는 행위이기도 해요."
그녀는 숨을 깊게 내쉬었다.
"그 사람과 함께하고 싶지 않은 건 아니에요. 근데 그 사람도 저도 누군가에겐 상처가 될까 봐… 두려워요."
나는 조용히 말했다.
"이 카드는 옳고 그름을 재판하지 않아요. 그보다는 당신의 인생에 대한 책임을 다시 당신 손에 쥐어주는 카드예요. 질문은 '이게 맞는 선택일까?'가 아니라 '나는 어떤 삶을 살아가고 싶은가?'예요."

그녀에게 그림을 제안했다.
"지금 마음이 하나의 풍경이라면 어떤 모습일까요?"
선영 씨는 잠시 고민하더니 종이 위에 두 개의 세계를 그렸다. 한쪽은 가시덤불이 뒤덮인 정원과 그 안에 작고 어두운 집. 다른 한쪽은 햇살이 드리운 언덕, 아무도 없지만 평화로운 벤치 하나가 놓여 있는 풍경.
"어디에 살고 싶으세요?"
"언덕이요. 사람이 없어도, 거기선 숨쉴 수 있을 것 같아요."
그 순간, 나는 알았다. 그녀의 선택은 이미 시작되고 있었음을.

그건 도피가 아니라 자기 자신을 향해 내린 첫 번째 정직한 선언이었다.

상담이 지속될수록 그녀는 과거를 단순히 '맞았다'고 말하는 대신 왜 아픈데도 떠나지 못했는지를 되묻기 시작했다. 카드를 해석하는 우리의 대화는 늘 스스로를 향해 있었다. 관계를 단칼에 자르지 않았다. 대신 감정 하나하나를 돌아보며 자신의 삶을 다시 책임지는 연습을 해갔다. 그리고 마지막 상담. 그녀가 뽑은 두 장의 카드는 '여사제(The High Priestess)'와 '운명의 수레바퀴(Wheel of Fortune)'였다.

여사제(The High Priestess). 여사제는 침묵 속에 앉아 있다. 달빛 아래, 그녀는 내면의 진실에 귀 기울인다. 표정 없는 얼굴이지만 그 속엔 단단한 통찰이 있다.
"이 카드는 말보다 침묵, 겉보다 속, 타인의 시선이 아니라 자기 직관을 따르는 여정이에요. 그리고 그녀는 알아요. 지금 당장은 어떤 답도 내리지 않아도 괜찮다는 걸."

운명의 수레바퀴(Wheel of Fortune). 세상의 흐름, 타이밍, 변화의 물결.
그녀는 마침내 이해했다.
'지금 이 변화는 내가 바꾼 게 아니라 내가 마침내 그 물결에 올라탔기 때문이라는 걸.'

이 이야기는 단순히 불륜이나 폭력이라는 말로는 정의되지 않는다. 이건 한 여성이 자신을 처음으로 지켜보는 이야기다. 가시로 뒤덮인 정원에 오랫동안 갇혀 있던 그녀가 햇살 가득한 언덕을 마음속에 그려보기 시작한 순간, 그건 이미 선택의 시작이었다.

그녀는 이제 죄책감도 도덕도 아닌, 자기 삶의 감정과 책임 속에서 자기 자리를 되찾고 있었다.

방에서
안 나오는 아이

말문을 닫은 아이

"선생님, 우리 아이가 요즘 너무 말을 안 해요. 질문을 해도 답이 없고 방에서 나오지 않아요."

검정 코트 소매 안으로 손목을 움츠린 40대 중반의 엄마. 지친 표정은 말보다 많은 것을 말해주고 있었다.

"중학교 2학년이에요. 요즘은 집에만 오면 방으로 들어가버려요."

나는 그녀에게 타로 카드를 5장 뽑게 했다. 엄마의 마음과 아이와의 관계를 먼저 들여다보기로 했다.

그녀가 뽑은 첫 번째 카드는 **컵 8(Eight of Cups)**. 등을 돌린 **남자가 조용히 어두운 밤길을 걸어가고 있다.**

"이건… 아이가 저를 떠났다는 뜻인가요?"
그녀는 조심스럽게 물었다. 나는 부드럽게 고개를 저으며 말했다.
"오히려 반대예요. 이 카드는 지금 엄마가 아이에게서 멀어졌다고 느끼는 마음을 보여줘요. 가까이 있으면서도 점점 멀어지는 느낌, 말 한마디에 벽이 생기는 그 감각. 사실 말이 끊긴 사람은 종종 거리를 둬요. 왜냐면 가까이 있으면 더 아프거든요."

두 번째 카드는 **심판(Judgement). 나팔 소리 아래에서 잠들어 있던 사람들이 깨어나는 장면.**
"이건 부활의 카드예요. 멈췄던 대화가, 감춰진 마음이 다시 깨어날 수 있다는 뜻이에요. 하지만 당장 말로 설득하라는 게 아니라 다른 방식으로 접근하라는 메시지이기도 해요."
그녀는 눈을 감았다.
"아이랑 얘기하다 보면 자꾸 충고하게 돼요. '넌 왜 그래?', '그러니까 그랬잖아.' 같은 말이 튀어나와요. 그래서 요즘은 말을 아예 안 해요. 내가 뭘 잘못하고 있는 건지 잘 모르겠어요."

나는 고개를 끄덕이며, 세 번째 카드를 펼쳤다. **컵의 소년(Page of Cups). 잔 위에 물고기를 들고 고요한 바다 앞에 선 소년.**
"이건 아이의 마음을 나타내요. 아이는 지금 말을 안 하는 게 아니라 '내 말을 정말 들어줄 사람'을 기다리고 있어요. 그리고 엄마는 아이 방 안으로 들어가고 싶지만 어떻게 노크해야 할지 몰라요. 괜히 들어갔다가 또 상처 줄까 봐, 한 발짝씩 뒤로 물러나는 거죠."

우리는 잠시 침묵했다. 그 침묵 속에 말하지 못한 감정들이 잠겨 있었다.

네 번째 카드는 **펜타클 7(Seven of Pentacles). 밭 앞에서 땀을 훔치는 한 농부.**
"이 카드는 기다림이에요. 씨를 뿌리고 물을 주고 자라는 걸 지켜보는 시간. 아이의 마음도 마찬가지예요. 지금은 억지로 열려고 하지 말고 기다려줘야 할 때예요. 그 대신 사랑하고 있다는 걸 꾸준히 전해줘야 해요. 조금 돌아가더라도 단단한 길로 가는 거죠."

그리고 마지막으로 나온 카드는 **컵 9(Nine of Cups). 잔을 가득 채운 인물이 만족스럽게 미소 짓고 있다.**
"이건 소망이 이루어지는 카드예요. 엄마가 아이의 마음을 듣기 위해 진짜 귀를 열었을 때, 아이는 자기 말의 문을 열게 될 거예요. 지금 당장은 말로 접근하지 말고 편지를 써보는 건 어떨까요? '왜 이렇게 말을 안 하니?'라는 질문보다 '그동안 미안했어.', '넌 나에게 소중한 아이야.' 같은 진심을 써보는 거예요."
그녀는 처음으로 고개를 조금 들어 내 얼굴을 보며 고개를 끄덕였다. 눈시울이 조금 붉어져 있었다.

아이와의 대화는 말보다 마음의 언어가 먼저 닿아야 시작된다. 타로는 그 마음의 어긋남을 보여주는 지도이고, 그림이나 편지는 그 사이를 잇는 다리다.

방문은 닫혀 있어도 마음은 여전히 그 안에 있다. 조심스레 두드리고, 오래 기다리고, 따뜻하게 다시 말을 건네는 것. 그게 지금 엄마가 할 수 있는 가장 단단한 사랑의 방식일 수 있다.

모녀간의 침묵은 가까운 사이일수록 더 오래 쌓이고 깊이 스민다. 서로를 너무 잘 안다고 믿기에 오히려 진짜 마음은 말하지 않게 된다. 그 침묵을 푸는 시작은 정답을 말하려는 태도에서 벗어나 있는 그대로의 감정을 들어주는 일이다. '왜 그랬어?' 대신 '그랬구나!'라고, '내가 널 위해서 그런 거야.' 대신 '그때 속상했겠다.'라고 말하는 것.

모녀 관계는 이해가 아니라 공감으로 다시 이어질 수 있다. 말보다 마음이 먼저 닿을 때.

<기린의 우주>, 70×140cm, 한지에 혼합재료, 2022

3부

사랑이라는 질문 앞에서

연애, 성, 자존감이 얽힌
감정의 실타래

<명감 1(황혼의시간)>, 120×150cm, 한지에 구채옻칠, 2018

28세 모태솔로
여성의 물음

'나, 사랑할 수 있을까요?'

"남들 다 연애하는데 나한텐 왜 아무도 안 오는 걸까요? 혹시 타로가 사랑을 찾아줄 수도 있나요?"
지윤(가명)은 반쯤 웃는 어색한 미소로 물었다. 손끝은 긴장한 듯 소매 끝을 만지작거렸다.
"연애운과 지금의 공백 이유를 볼까요?"
나는 그녀 앞에 조용히 타로 카드를 펼쳤다. 세 장을 뽑았다.

첫 번째 카드, **은둔자(The Hermit). 내면의 길을 걷는 사람. 등불을 들고 혼자 걷는 노인의 모습.**
그림 속 인물은 외롭지만 그 외로움은 의도적인 거리두기이다.
"연애를 원하지만 또 한편으론 연애를 원하지 않네요. 어떤 두려움이 있으신가요?"

"사실은… 누가 저를 좋아하긴 하겠나 싶어요. 괜히 나섰다가 거절당하면 어쩌나, 그런 생각이 먼저 들고 자신이 없어요."

"자신을 가져요. 실은 내면이 강한 사람이에요. 등불을 들고 조심스럽게 나아가는 사람이 사랑을 받을 수 있다는 것이 은둔자의 키워드이고요."

두 번째 카드, **연인(The Lovers). 끌림, 선택, 내면의 거울.**
"이 카드는 실제 연애운일 수도 있고, '사랑할 준비가 되었는가?'라는 질문일 수도 있어요. 타인이 나를 좋아해주기 전에 내가 내 마음을 먼저 들어주는 연습이 필요해요. 내가 나를 어떻게 보느냐에 따라 상대가 나를 보는 방식도 달라져요."

세 번째 카드, **컵 에이스(Ace of Cups). 감정의 시작, 열린 마음.** 컵 안에서 물이 넘쳐흐르는 카드. 이것은 '마음이 열릴 때 관계도 시작된다'는 신호다.
"이건 아주 좋은 징조예요. 하지만 중요한 건 '어떻게 만날까'보다, '어떤 마음으로 만날까'예요."

"혹시 연애운이 들어올 수도 있다는 말씀인가요?"

"네, 그럴 수 있어요. 자신을 먼저 사랑하면요."

나는 그녀에게 감정화 작업을 제안했다.

"지금의 나를 하나의 상징으로 그려볼까요?"

조심스럽게 조개껍데기 안에 숨겨진 작은 진주를 그렸다. 조개껍질은 단단하고 날카로웠고, 그 속의 진주는 반짝였지만 세상

밖을 본 적이 없는 듯했다.

두 달 후, 다시 열린 상담. 지윤은 예전보다 훨씬 편안한 표정으로 상담실에 들어섰다. 그녀의 말투도 자세도 눈빛조차 조금 달라져 있었다.
"요즘은… 직장 동료랑 점심 먹으면서 제가 먼저 말을 걸기도 해요. 아직 어색하지만 싫지 않아요."
나는 웃으며 다시 카드를 펼쳤다. 지윤은 이번에도 세 장을 뽑았다.

컵 7(Five of Cups). 감정의 선택, 상상의 확장.
"이 카드는 마음속의 상상과 감정의 가능성이 여러 갈래로 펼쳐진 상태예요. 그중 어떤 건 환상일 수도 있고, 어떤 건 진짜 기회일 수도 있어요."

완드의 여왕(Queen of Wands). 따뜻한 주체성, 나를 피우는 힘. 화려한 해바라기를 손에 든 여왕. 자신의 감정과 욕망을 숨기지 않는다. 그녀는 온화하지만 당당하다.

"이 카드는 지윤 씨가 이제 자기감정을 솔직하게 받아들이고 있다는 걸 보여줘요."
"요즘은 나도 괜찮은 사람이라는 생각이 하루에 한 번쯤은 들어요. 그리고 그게 거짓말처럼 느껴지진 않아요."
나는 미소지었다.
"그게 바로 완드의 여왕이에요. 사랑받는 여성이기 전에 자신의 감정을 스스로 믿는 사람이죠. 그리고 자신의 일을 능숙하게 잘 해내는 여성이기도 하고요"

 **컵 2(Two of Cups). 감정의 교류, 마음의 연결.**
"이건 혹시… 누군가 생긴 건가요?"
지윤은 말없이 웃었다가 조심스럽게 입을 열었다.
"아직 누군가 있다고 말하긴 어렵지만… 직장에 어떤 분이 있어요. 그분 앞에선 왠지 제가 조금 더 편해져요."

컵 2는 단순한 연애 카드가 아니다. 마음이 마음을 향해 열린다는 증거이다.

"자신을 먼저 사랑하세요. 연애는 내가 부족해서가 아니라, 내가 소중하다는 걸 알 때 시작됩니다. 일상에서 만남 넓혀가는 것도 중요해요. 관심사 기반의 모임, 취미 활동에서 자연스러운 인연이 싹튼답니다. 모든 시도가 사랑으로 이어지진 않지만, 경험은 결국 나를 더 사랑하게 만드니까요."

왜 나만
힘든 거죠?

상간 피해자의
자존감 회복

"무엇을 위해 이렇게까지 버텼는지 모르겠어요."
그녀는 말했다. 작은 목소리였지만 그 안엔 깊고 무거운 시간이 담겨 있었다. 손끝은 끊임없이 테이블 위를 만지작거렸고 그 눈빛은 이미 오래전부터 자기 자신에게서 멀어진 사람처럼 보였다.
유리(가명), 37세, 결혼 7년 차, 아이는 없었다. 남편이 외도를 한 건 1년 전. 그 상대는 아이러니하게도 그녀가 가장 믿었던 친구였다.
그녀는 배신이라는 단어를 입에 올리지 않았다. 그러나 말하지 않아도 알 수 있었다. 그녀의 눈빛은 이미 그 단어보다 더 깊은 고통을 지나왔음을 말하고 있었다. 법적으로 모든 것이 정리된 지금, 남편도 친구도 그녀의 삶에서 사라졌다. 그런데도 그녀는 여전히 어디에도 마음 둘 곳이 없다고 말했다. 나는 그녀 앞에 타로 카드를 조용히 펼쳤다.
"지금 당신에게 필요한 이야기를 이 카드들이 들려줄 수 있을 거예요."

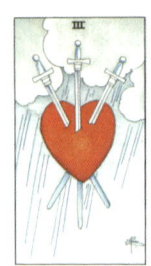    

첫 번째 카드, **소드 3(Three of Swords). 회색 하늘. 붉은 심장을 정확히 세 개의 칼이 관통하고 있다.**

카드를 보는 순간, 그녀의 시선이 카드에 닿지 못한 채 고개를 떨궜다.

"이건 당신이 받은 상처예요. 사랑했던 사람의 배신 그리고 그 상처가 당신의 자존감에 남긴 깊은 흔적이죠."

나는 말을 이었다.

"하지만 이 카드엔 슬픔만 있는 게 아니에요. 구름 너머로 여전히 하늘은 존재하죠. 그리고 그 심장은 아직도 뛰고 있어요."

그녀는 작게 숨을 내쉬었다. 마치 오래 닫혀 있던 마음의 문이 삐걱하고 아주 작은 소리를 내며 열리는 듯했다.

두 번째 카드, **은둔자(The Hermit). 카드 속 노인은 외로운 산길을 걷는다. 손엔 등불 하나. 그 빛으로 자기 앞의 길을 비추며 묵묵히 나아간다.**

"점점 세상과 거리를 두게 되셨겠죠. 사람을 믿는다는 게 얼마나 두려운 일인지 알게 됐으니까요."

그녀는 고개를 끄덕였다.

"누구도 만나고 싶지 않았어요. 혼자 있는 게 편하진 않았지만 그래도 덜 아팠어요."

나는 말했다.

"은둔자는 도피자가 아니에요. 그는 세상으로부터 숨지만, 자신 안의 진실을 향해 천천히 걸어가는 존재예요."

세 번째 카드, **힘(Strength)**. **카드 속 여인은 사자의 갈기를 쓰다듬고 있다. 눈빛은 다정하고 손끝엔 폭력이 아닌 부드러움이 담겨 있다.**

"이건 억지로 버티는 힘이 아니에요. 분노를 억제하는 것도 아니고요. 진짜 힘은 자신의 상처를 외면하지 않고 조용히 정성껏 껴안는 데서 시작돼요."

그녀는 우는 듯 웃었다.

"처음엔 제가 너무 약하다고 생각했어요. 왜 아무 말도 못 하고, 왜 거기서 빠져나오지 못했을까 싶었거든요. 근데 지금은 그런 나를 조금씩 이해하고 있어요."

나는 고개를 끄덕였다.

"맞아요. 그 공포 속에서도 매일 하루씩 살아낸 유리씨는 이미 강한 사람이에요."

네 번째 카드, **별(The Star)**. **어두운 밤, 별빛 아래 물을 붓는 여인. 고요하지만 빛나는 장면.**

그녀는 이 카드에 시선을 오래 머물렀다.

"이 카드는 회복을 상징해요. 지금은 아직 상처가 다 아물지 않았지만, 유리씨 안에 이미 희망이 자라고 있다는 걸 말해줘요.

당신 안엔 이미 이 별의 기운이 있어요. 지금은 그걸 스스로 믿어주는 시간이 필요할 뿐이에요."

다섯 번째 카드, **펜타클의 여왕(Queen of Pentacles). 풍요롭고 부드러운 여왕이 작은 황금 동전을 마치 생명처럼 바라보고 있다.**
"이 카드는 유리씨가 닿을 수 있는 미래예요. 자신을 소중히 여기고 자신을 돌볼 줄 아는 사람으로 살아가는 모습이에요."

그녀는 조용히 카드를 바라보았다. 타로가 말해준 다섯 개의 장면은, 그녀가 지나온 시간과 지금의 고요 그리고 아직 오지 않은 내일에 대한 은유였다.

상간 피해자는 단지 사랑을 빼앗긴 사람이 아니다. 그 일로 인해 그녀는 결국 자신을 다시 마주해야 했던 사람이다. 슬픔을 밀쳐내던 시간 끝에서 그녀는 자신에게 조금씩 다정해지는 법을 배워갔다. 분노를 감추는 대신 슬픔을 꺼내 놓고, 자책 대신 돌봄의 언어를 익혀갔다.

이제 그녀는 더 이상 '그가 떠난 자리'를 붙잡지 않는다. 그 자리에 다시 '자신의 자리'를 마련하고 있다. 그리고 그 자리는 비로소 그녀의 삶이 시작되는 진짜 첫 페이지였다.

미안해서
끝내지 못한 사랑

**권태기 연애의
타로 리딩**

"3년 넘게 만난 남자친구가 있어요. 문제 있는 사람도 아니고 저를 정말 아껴주는 좋은 사람이에요. 그런데 이제는 같이 있어도 마음이 안 움직여요. 손잡는 것도, 메시지를 받는 것도 더 이상 설레지 않아요. 근데 그 사람에게 너무 미안해서 이별을 말할 수가 없어요."

그녀는 말을 꺼내는 데만도 한참이 걸렸다. 손끝을 내내 만지작거렸고, 카드를 고를 때도 망설임이 길었다. 조심스러움이 큰 사람이라고 생각했다.

나는 조용히 다섯 장의 카드를 펼쳤다. 그리고 그녀의 마음 안에 이미 놓여 있었던 이별의 형체를 하나씩 마주보기 시작했다.

 첫 번째 카드, **펜타클 7(Seven of Pentacles). 나무 옆에 선 인물. 그는 시무룩한 얼굴로 자신이 가꾼 열매를 바라본다.**

"이 카드는 기다림의 카드예요. 더 이상 자라지 않는 무언가를 바라보는 심정이죠."

그녀는 작게 고개를 끄덕였다.

"맞아요. 저희는 문제도 없고 싸움도 없어요. 그런데도 뭔가가 멈춰버렸어요. 더 자랄 수 없다는 걸 느끼는데 말은 못 하겠어요."

그녀는 남자친구가 보여준 헌신을 배반하고 싶지 않았다. 하지만 멈춘 사랑을 계속 이어가는 건 미안함으로 길을 연장하는 일일 뿐이다.

 두 번째 카드, **정의(Justice). 정면을 응시하는 여왕. 양손에는 칼과 저울이 들려 있다.**

"이 카드는 공정함에 대해 묻는 카드예요. 지금 당신 안에는 정의롭고 싶다는 마음이 있어요. 그 사람을 아프게 하지 않고 그의 마음까지도 존중하고 싶어해요."

그녀는 천천히 입을 열었다.

"그 사람은 저한테 정말 다정해요. 저 때문에 일을 포기하기도 했고, 제가 아플 땐 밤새 곁에 있어줬어요. 그런 사람에게… 제가 이별을 말하는 게, 너무 잔인하게 느껴졌어요."

나는 조용히 말했다.

"공정함이란 때로는 진실을 말하는 용기에서 시작돼요. 지금 이 상태로 남아 있는 것이 정말 그에게 더 덜 아픈 일일까요? 그도 언젠가는 당신의 마음을 느끼게 될 텐데요."

그녀는 입술을 앙다물었다. 진실은 알고 있지만 아직 말할 준비가 되지 않은 사람의 침묵이었다.

세 번째 카드, **소드 10(Ten of Swords). 땅에 쓰러진 인물. 등에는 열 개의 검이 꽂혀 있다. 그러나 그 너머 수평선에는 해가 떠오르고 있다.**

"이건 이미 할 수 있는 걸 다 해봤다는 의미예요. 겪을 만큼 겪었죠."

그녀는 낮게 말했다.

"이별을 마음먹은 날, 하필 그 사람이 평소보다 많이 힘든 날이었는지 피곤한 얼굴로 웃더라고요. 그 모습을 보는데 입이 안 떨어졌어요."

"당신은 지금 상대방이 다치지 않기를 바라는 마음 때문에 오히려 자신을 찌르고 있어요. 하지만 침묵은 끝이 아니라 연장이에요. 그리고 그건 점점 더 고통스러워질지도 몰라요."

그녀는 고개를 떨궜다. 이별보다 더 아픈 것은, 끝났다는 감정을 모른 척하는 매일의 반복이었다.

네 번째 카드, **완드 2(Two of Wands). 멀리 지평선을 바라보는 인물. 손엔 지도를 들고 있고, 다른 손으론 세상을 향해 창을 펼치고 있다.**

"이 카드는 새로운 길에 대한 고민을 보여줘요. 이미 마음속에서는 다른 삶을 준비하고 있죠."

그녀는 조용히 고백했다.

"어떤 날은 이 사람이 아니라 다른 누군가와 함께 있는 상상을 해요. 혹은 그냥 혼자 있는 상상. 그게 죄책감처럼 느껴졌어요."
"죄책감이 느껴질 수도 있겠지만 그건 또 당신의 마음이 이동하고 있다는 신호이기도 해요. 그리고 그것은 당신이 새로운 삶을 선택할 수 있다는 가능성이 아닐까요."

다섯 번째 카드, **컵의 기사(Knight of Cups). 말 위에 탄 기사. 손에는 사랑의 잔을 들고 조용히 누군가를 향해 다가가고 있다.**
"이 카드는 감정의 움직임 그리고 사랑할 수 있는 마음이 아직 살아 있다는 걸 말해줘요. 이 관계가 끝난다고 해서 모든 게 끝나는 것도 아니고, 사랑을 못 하는 사람이 되는 것도 아니에요."

며칠 뒤, 화실에 찾아온 그녀는 그림 한 장을 그렸다. 창문 밖으로 흐린 하늘, 그 아래 따뜻한 커피잔 그리고 등을 돌리고 앉아 있는 여자.
"저 헤어졌어요. 좋은 사람이었고 나에게 따뜻한 기억을 남겼어요. 그래서 더 미안했지만 더는 제 마음을 속이고 싶지 않았어요."
그녀는 이별을 선택한 것이 아니라 끝났다는 감정을 정직하게 받아들인 것이었다.

타로는 그녀에게 떠나라고 말하지 않았다. 그 대신 진실을 알려주었다. 당신은 이미 이 관계에서 멀어져 있었고, 남아 있는 건 미안함과 책임감이라는 껍데기뿐이라고.

사랑이 끝났다면 마지막으로 남길 수 있는 최선의 따뜻함은 상대방에게도 진실을 줄 용기다. 미안해서 떠나지 못하는 사랑은 어쩌면 자기 자신을 놓아주지 못하는 일이다. 진심을 따라 용기 내는 이별이야말로 상대를 배려한 최선의 인사일 수 있다.

그녀는 결혼을
믿지 않았다

비혼주의

그는 문을 열고 천천히 들어왔다. 양복 셔츠 위엔 여름의 주름이 어색하게 남아 있었다. 자리에 앉기까지 다소 침묵이 흘렀고, 마침내 조심스럽게 말을 꺼냈다.

"사랑하지 않는 건 아닌데… 계속 이 관계를 이어가는 게 맞는지 모르겠어요."

그는 30대 중반. 2년째 만나온 여자친구는 따뜻하고 성숙한 사람이었다. 대화가 통했고 가치관도 맞았고 무엇보다 그에게 늘 깊은 존중을 보여주는 사람이었다.

"근데 그 사람은 비혼주의자예요. 처음부터 결혼할 생각은 없다고 그랬어요. 그땐, 그런 단단한 태도가 오히려 멋있어 보였어요. 그런데 시간이 흐를수록… 그 말이 벽처럼 느껴져요."

그의 말에는 한 사람을 여전히 사랑하는 감정과 삶의 방향이 엇갈리고 있는 현실 사이의 고요한 절망이 배어 있었다. 나는 그에게 타로 카드를 건넸다.

"지금의 마음이 무엇을 말하고 있는지 들어보는 시간이 될 거예요."

그는 깊이 숨을 들이켰다. 그리고 천천히 다섯 장을 뽑았다.

첫 번째 카드는 **연인(The Lovers). 처음의 마음. 끌림, 선택, 그리고 '진짜 연결'의 시작. 두 사람이 서로를 바라보며 선 카드. 과거에는 서로가 호감과 설렘을 갖고 시작했다.**

"처음 그 사람을 만났을 때, 어땠나요?"

그는 잠시 웃으며 말했다.

"따뜻했어요. 말이 잘 통했어요. 존중받는 느낌이 뭔지를 처음으로 알게 해준 사람이에요."

사랑은 아직 꺼지지 않았지만 삶을 함께할 그림은 다르게 번지고 있었다.

두 번째 카드는 **소드의 여왕(Queen of Swords). 이성. 통찰. 감정 뒤의 명료함.**

"이 카드는 당신이 지금 스스로에게 얼마나 정직하려 애쓰고 있는지를 보여줘요. 그리고 그녀가 결혼에 부정적인 감정을 가지고 있음을 암시하기도 해요."

카드 속 여왕은 검을 들고 앞을 바라본다. 감정에 빠지기보단 진실을 직면하려는 의지가 담긴 얼굴이다.

"그 사람을 떠나는 게 무서운 건 아니에요. 다만 내가 원하는 걸 말하면 그 사람을 부정하는 것 같아서… 상대를 바꾸려는 사람처럼 느껴질까 봐… 조심스러워요."

그의 목소리엔 사랑과 존중, 그리고 이별의 그림자조차 배려하려는 죄책감이 담겨 있었다. 하지만 여왕은 말한다. 진실은 때로 감정보다 더 따뜻한 일이라고.

세 번째 카드는 **황제(The Emperor). 구조. 질서. 책임.**
"이 카드는 당신 안의 현실이에요. 당신이 원하는 건 단순히 결혼이라는 제도 자체가 아니라 함께 삶을 설계하고 가정을 꾸리고 미래를 나눌 수 있는 사람이라 하네요. 그리고 아버지도 응당 그럴 것이라고 기대하는 것 같아요."

그는 천천히 고개를 끄덕였다.

"맞아요. 아이를 갖고 싶고 부모님 걱정도 있고… 무엇보다 그 사람이 싫어서가 아니라 함께 있어도 외로운 거예요. 시간이 흐를수록요."

황제는 말한다. 이건 두 사람 중 누가 틀렸다는 문제가 아니라 삶을 어떤 방식으로 살아가고 싶은가에 대한 질문이라고.

네 번째 카드는 **소드 2(Two of Swords). 갈등, 회피, 선택을 미루는 마음. 검 두 개를 교차시킨 인물이 눈을 가린 채 앉아 있다. 결정하지 못한 채 마음을 억누르고 있는 형상.**
"당신 안엔 두 개의 진실이 있어요. 하나는 사랑, 다른 하나는 미래. 그 사람을 기다릴 수도 있을 거예요. 하지만 그 기다림이 선택지가 아니라 억지가 되면 사랑은 점점 부담이 되죠."

그는 한참 동안 아무 말도 하지 않았다. 그러나 눈빛은 고요히 바뀌어 있었다. 아무도 대신할 수 없는 질문. 스스로만이 내릴 수 있는 결정이었다.

다섯 번째 카드는 **세계(The World). 완성. 순환의 마무리. 새로운 지평의 시작.**
마지막 카드는 말했다.
"이 관계는 끝남으로 완성된다기보다 어쩌면 자연스럽게 계절이 바뀌듯 순리대로 결론 내려질 것 같습니다."

며칠 후, 그는 다시 상담실을 찾았다.
"그 사람한테 솔직하게 말했어요. '당신을 사랑하지만 결혼과 가족에 대한 내 욕망도 내 일부라는 걸 알게 됐어. 그 두 갈래 사이에서 당신을 기다리게 하거나 당신을 바꾸려 하거나 나 자신을 부정하면서 버티고 싶지 않아.'라고."
그는 말을 멈추고 잠시 눈을 감았다.
"서로 울었어요. 하지만 처음으로 사랑을 원망하지 않고 끝낼 수 있었어요. 그게… 제가 살아오며 처음 경험한 건강한 이별이었어요."

사랑은 늘 옳고 선택은 늘 아프다. 하지만 타로는 말해준다. 이별이 항상 사랑의 실패는 아니라고. 때론 사랑한 나를 지키기 위한 선택이 더 깊은 사랑일 수 있다고. 사랑해서 그래서 그만두기로 한 사람. 그는 이별 이후에도 여전히 사랑을 믿는 사람이었다. 그리고 그 믿음이야말로 그가 앞으로 만들어갈 다른 세계의 시작이었다.

나, 이대로
괜찮을까요?

**성 정체성에
혼란이 온 청소년**

상담실 문이 아주 조심스럽게 열렸다. 후드 모자를 깊게 눌러쓴 작은 아이가 문틈 사이로 몸을 숨기듯 들어섰다. 목소리보다 더 작게 웅크린 어깨, 의자에 앉은 뒤에도 아이는 내내 손톱을 물어뜯었다.

"그냥요. 요즘 저한테 짜증이 나고 헷갈려서요."

성훈(가명)의 말은 조각났고 침묵은 더 길었다. 그 말들 사이사이에 숨기고 싶은 진심이 엷게 비치고 있었다. 나는 조용히 타로 카드를 꺼내며 말했다.

"그럼 오늘은 이 질문으로 셔플해볼까? 지금 내 마음이 나에게 말하고 싶은 것…"

작은 손이 떨리고 있었다. 그 손끝에서 뽑힌 다섯 장의 카드가 천천히 테이블 위에 펼쳐졌다.

첫 번째 카드는 **여사제(The High Priestess). 말하지 못한 진실. 마음 깊은 곳의 숨겨진 세계.**
"이 카드는 아직 말할 준비가 되지 않은 진심을 뜻해. 겉으로는 감추고 있지만 마음은 이미 알고 있는 감정. 누군가 대신 알려줄 수 없는 스스로 안에서 자라나는 진실."
아이의 어깨가 아주 작게 흔들렸다.
"우리 엄마도 반 애들도… 그런 사람들을 욕할 때 있어요. 저도 같이 웃고 넘겼지만 사실은… 그게 너무 아팠어요. 자꾸 제 얘기 같아서…."
나는 고개를 끄덕이며 말했다.
"카드는 그 감정이 틀린 게 아니라고 말해줘. 그건 지금 성훈이만이 꺼내줄 수 있는 이야기야. 다만 아직 꺼낼 공간과 사람을 찾지 못했을 뿐이지."

두 번째 카드는 **소드 2(Two of Swords). 혼란, 회피, 내면의 갈등. 양손에 검을 쥔 인물이 눈을 가린 채 앉아 있다.**
"이건 아직 결정을 내리지 못한 상태를 의미해. 한쪽을 선택하자니 다른 쪽이 무너질까 무섭고…. 어느 것도 확신할 수 없어서 그냥 멈춰 있는 마음이야."

성훈의 목소리가 약간 떨렸다.
"선택할 수 있는 걸까요?"
나는 조용히 말했다.
"이건 선택의 카드가 아니야. 지금 성훈이를 괴롭게 하는 건, 본인이 어떤 사람인가가 아니라 그걸 말했을 때 사람들이 어떻게 볼까 하는 두려움인 것 같아."

세 번째 카드는 **컵의 여왕(Queen of Cups). 수용, 공감, 감정의 진정한 이해.**
이 카드는 어쩌면 이 아이가 지금까지 한 번도 받아본 적 없는 존재의 상징이었다.
"이 카드는 성훈이가 바라는 관계를 보여주고 있어. 있는 그대로의 나를 받아주는 사람, 설명하지 않아도 그냥 '괜찮아'라고 말해주는 존재를 원하고 있다고 하네."
아이의 눈빛이 흔들렸다.
"맞아요. 아무것도 묻지 않고 그냥 안아주는 사람, '넌 이상하지 않아.'라고 말해주는 사람, 그런 사람이 있으면 좋겠어요."
나는 카드 위에 천천히 손을 얹었다.
"그 사람은 지금은 말하지 않고 있더라도 성훈이 주변에 존재한대. 먼저 이야기를 건네거나 도움을 요청해야 할 수도 있어."

네 번째 카드는 **운명의 수레바퀴(The Wheel of Fortune). 변화, 흐름, 멈출 수 없는 삶의 순환.**
"이건 운명의 수레바퀴야. 세상이 돌아가듯 우리의 감정도 계속 움직여. 지금은 고통스럽고 혼란스러워도 이 감정은 멈추지 않고 흘러갈 거야. 결국 성훈이 자신에게 가장 맞는 자리를 운

명적으로 찾게 될 거래."

다섯 번째 카드는 **심판(Judgement). 내면의 부름, 영혼의 각성, 진실을 향한 눈뜨기.**
마지막 카드는 깊은 여운을 남겼다.
"이건 성훈이가 생각하는 냉정한 심판이 아니야. 누군가 성훈이를 판단하거나 벌주는 것이 아니라 자신이 진짜 목소리를 듣기 시작했다는 뜻이야."
아이의 눈빛이 조용히 흔들렸다. 그리고 마침내 입을 열었다.
"나, 이상한 사람 아니지요?"
나는 미소 지으며 고개를 저었다.
"아니야. 단지 지금 자신의 진실을 알아가는 중이야. 그건 누구에게나 필요한 과정이고, 무엇보다도… 용기 있는 일이야."

그날 상담이 끝날 무렵, 성훈은 여전히 말이 없었지만 등은 조금 덜 웅크려져 있었다. '나는 누구인가?'라는 질문은 당장 어떤 정체성을 선언하기 위한 것이 아니다. 그건 내 감정을 있는 그대로 마주해도 괜찮은 사람인지 스스로에게 묻는 조용하고 용기 있는 여정이다.

타로는 그 아이에게 '정답'을 주지 않았다. 대신 질문을 안고 살아갈 힘을 건넸다.
"그럴 수도 있지."
"그게 너의 모습일 뿐이야."
그 말들을 세상 누구보다 먼저 자기 자신이 해줄 수 있도록 말이다.

<구름으로 2>, 53×45cm, 한지에 구채옻칠, 2018

4부

삶과 죽음의 경계에서

애도, 상실, 무기력 속에서
타로가 건넨 빛

<환생 1>, 53×45cm, 한지에 채색, 2018

생후 2개월 아이를
떠나보낸 아버지

정죄 아닌
애도의 상담

상담실에 들어선 그는 계속 고개를 떨구고 있었다. 누군가가 자신을 붙잡아주었으면 하는 마지막 희망을 쥔 사람처럼 왼손으로 오른손을 꼭 쥔 채 가만히 의자에 앉았다.

"솔직히… 상담 같은 걸 받으려고 온 게 아닙니다. 그냥 어떻게 하면 벌을 받을 수 있는지 알고 싶어서요."

입술만 겨우 움직이는 듯한 작고 낮은 목소리였다. 나는 그를 바라보다 조용히 타로 카드를 꺼내 책상 위에 펼쳤다.

"이건 벌을 말해주는 도구가 아니에요. 하지만 마음을 조금 더 가까이 들여다보고 앞으로 어떻게 회복해갈 수 있을지 안내해 줄 수는 있을 거예요."

민(가명)은 고개를 끄덕였다. 입술이 파르르 떨리고 있었다. 잠시 후 그는 조심스레 다섯 장의 카드를 뽑았다.

첫 번째 카드, **검 10(Ten of Swords). 밤의 어둠 속, 등에 열 개의 칼이 꽂힌 남자 그리고 그 너머 희미하게 떠오르는 새벽빛.**
그는 그림을 보자마자 작게 숨을 들이쉬며 말했다.
"칼이 전부 등 뒤에 꽂혀 있네요. 한 번도 정면에서 막을 기회도 없이…"
나는 조용히 고개를 끄덕이며 말했다.
"이건 완전한 무너짐이에요. 더 겪을 수 없을 만큼 이미 지나간 고통들을 의미하고 있어요. 하지만 동시에 저 멀리 해가 떠오르고 있지요."
그는 무표정한 얼굴로 한참을 응시하다 낮게 중얼거렸다.
"그날 이후로 아침이 오는 게 무서웠어요. 눈을 뜨면 현실이 다시 시작되니까. 차라리 그대로 깨어나지 않았으면 좋겠다고 매일 밤 생각했어요."

두 번째 카드, **정의(Justice). 냉소적으로 정면을 바라보는 사람. 감정보다는 이성적인 판단이 더 필요하다는 것을 의미한다.**
그는 타로 카드를 오랫동안 바라보다 입을 열었다.
"그날은 정말 너무 피곤했어요. 밤새 울던 아이를 안고 같이 누웠는데 정신을 잃을 정도로 깊이 잠들었고… 일어나 보니…"
말이 끊겼다.
"그 일이 벌어지고 나서도 제가 여전히 살아 있다는 게… 무서웠어요."
그는 흐느껴 울기 시작했고 나는 휴지를 건넸다.
"정의는 질책을 의미하지 않아요. 의도하지 않았는데도 발생하는 수많은 사고들이 있잖아요. 그런 사고들이 발생했을 때 상황을 정확히 직시하는 게 더 중요할 수 있습니다. 같은 일을 겪은 다른 가족들도 위로와 도움이 필요할 수 있으니까요."

세 번째 카드, **별(The Star). 밤하늘 아래 고요히 물을 붓는 여인. 작지만 확실한 희망, 상처를 지닌 자의 회복.**
"별은 모든 걸 되돌릴 수는 없지만 회복이 필요한 사람에게 나타나는 카드예요. 아픔을 잊는 것이 아니라 아픔을 안고서도 기꺼이 나아가겠다는 결심. 또 다른 미래를 받아들일 준비를 하는 사람의 모습이기도 하죠."
"아이 이름이 하늘(가명)이에요. 높은 곳에서 빛나길 바라는 마음으로 지었는데… 정말 그렇게 되어버렸네요."

네 번째 카드, **죽음(Death). 검은 갑옷의 기수. 죽음이라는 단어 속에 숨겨진 변화와 변형의 시작.**
그는 이 카드에 놀라지 않았다. 오히려 아주 조심스럽게 바라보았다.
"죽음은 끝이 아니에요. 정지와 정체가 아닌 어떤 생의 장이 마감되고 또 다른 세계가 열리는 문입니다."

 마지막 카드, **힘(Strength). 백의를 입은 여인이 사자를 부드럽게 감싸 안는다. 강함이란 억압이 아닌 부드러움과 인내에서 비롯된다는 상징.**

나는 조용히 마지막 카드를 건넸다.

"이건 힘이에요. 괴로움을 억누르는 힘이 아니라 그 괴로움을 품고도 쓰러지지 않는 마음의 힘이죠. 오늘 이 자리에서 하늘이를 이야기한 것 자체가 민 씨 안의 큰 용기예요."

시간이 한참 흐르고 나면 '과거는 바꿀 수 없다'는 사실이 오히려 위안이 될 때가 있다. 이미 정리해둔 여름옷, 이미 정해진 가족들-부모님 그리고 태어난 아이들. 되돌릴 수 없는 소중한 순간들이 결국 지금의 나를 지켜가고 있구나 하고, 문득 안도하게 된다.

시간은 멈추지 않는다. 현재는 흐르고 우리가 겪는 매 찰나마다 삶은 조금씩 달라진다. 과거로 돌아갈 수는 없지만 바로 그렇기에 과거는 '불변'이라는 이름 아래 우리에게 어떤 안전함을 준다. 그리고 덕분에 우리는 미래를 바꿀 수 있다.

나는 밝은 것, 시작되는 것, 마땅히 존재해야 하는 것의 힘을 믿는다. 그 믿음은 어김없이 시간이 흐르고 계절이 바뀌는 이치와 닮아 있다.

죽음이 모든 것의 끝은 아니라는 것, 우주와 생은 끊임없이 반복된다는 것, 그리고 내가 나 자신을 지켜야 비로소 소중한 사람들도 지킬 수 있다는 것. 우리는 그걸 알아야 한다.

마지막
문 앞에서

한 청년의
자살 시도

그는 상담실 문을 열자마자 고개를 숙였다. 손은 주머니 속에서 계속 무언가를 만지작거리고 있었고 얼굴은 며칠을 굶은 듯 창백했다.
"그냥 현재 제 마음이 어떤가 보고 싶어요."
나는 그에게 타로 카드를 건넸다.
"지금 당신 마음 같은 타로 카드 다섯 장을 선택한다고 생각하면서 뽑아주세요."
그가 망설이며 뽑은 카드들은 마치 한 편의 기록처럼 그의 시간을 그대로 말해주었다.

첫 번째 카드, **소드 5(Five of Swords). 상처뿐인 승부. 카드 속 남자는 전장에서 검을 거머쥐고 있다. 하지만 그 표정엔 승리의 기쁨이 없다. 뒤에는 등을 돌리고 떠나는 이들만이 남아 있다.**
"이건 싸우긴 했지만 남는 게 없는 싸움이에요. 혹시 스스로를 너무 몰아붙여서 힘들었던 시기가 있었나요?"
그는 망설이다 말했다.
"취업 준비하면서 친구들하고도 멀어졌어요. 앞뒤 없이 어디까지 올라가야 하나 그 생각만 하다 보니까… 사람도 나도 다 놓쳤어요."
실패는 그 자체보다도 누군가에게 뒤처졌다는 느낌에서 스스로에게 더 깊은 상처가 되곤 한다.

두 번째 카드, **컵 6(Six of Cups). 잃어버린 시간, 그리운 나. 아이 둘이 꽃이 담긴 컵을 주고받는 장면. 이 카드는 과거 순수했던 시절 그리고 그리움을 상징한다.**
"이건 당신 마음 어딘가에 남아 있는 따뜻한 기억이에요. 언제였나요? 세상이 아직 부담스럽지 않고 좋았던 때가?"
그는 어릴 적 가족사진이 접힌 채 주머니에 있다는 말을 꺼냈다.
"사실 죽으려고 다리 위에 올라간 적이 있어요. 근데 그 사진이 손에 닿았어요. 그때 이상하게… 그냥 한 번 더 살아보자 싶었어요."
그가 끝끝내 그 사건 이후 지금까지도 놓지 않았던 건 어릴 적의 자신, 아직 사랑받을 자격이 있다고 믿었던 그때였다.

세 번째 카드, **소드 4(Four of Swords). 정지, 고요, 회복의 시작. 한 병사가 무덤처럼 고요한 공간에서 누워 있다. 그 앞에 검 하나 그리고 벽엔 세 개의 검이 걸려 있다.**

"이건 멈춤을 말해요. 더 나아가기 전에 회복이 필요한 시점이죠. 지금은 싸우는 게 아니라 충분히 쉬어야 한다고 합니다."

네 번째 카드, **펜타클 5(Five of Pentacles). 추위 속의 도움 그러나 쉽게 보지 못하는 손. 카드 속 인물 둘이 눈보라 속을 발걸음 끌듯 걷고 있다. 발아래는 맨발 하지만 바로 옆 스테인드글라스 안엔 따뜻한 불빛이 있다.**

"이건 결핍, 외로움, 궁핍함의 카드예요. 하지만 중요한 건 바로 옆에 도움의 문이 있다는 거예요. 지금 당신이 가장 필요한 건 혼자서 해결하려는 의지를 잠시 내려놓고 주변에 도움을 청하는 용기예요."

다섯 번째 카드, **심판(Judgement). 다시 깨어나는 영혼. 천사가 나팔을 불고 무덤 속 사람들이 일어난다. 이 카드는 내면의 소명, 부활, 그리고 정직한 대면을 뜻한다.**

"이건 끝이 아니라 다시 시작되는 시간이에요. 당신은 당신의 실패와 절망을 피하지 않았어요. 오히려 그 안에서 솔직해졌고 그래서 지금 살아 있어요. 어떤 소식이 전해져올 건데 그게 다시 일어서는 계기가 될 거라고 말해주네요."

그는 고개를 숙이며 말했다.

"죽고 싶다는 마음이 사라진 건 아니에요. 하지만 살고 싶단 생각도 조금씩 들고 어떻게 살아가는 게 좋을까 생각하게 돼요."

얼마 후 그가 다시 상담실에 방문했다.

"선생님 조언대로 어디에 도움을 요청할까 생각하다가 아버지한테 말했어요. 빚이 생긴 거, 취업이 힘든 거… 다 숨겼었는데, 그냥 다 말했어요. 혼날 줄 알았는데 아버지가 왜 이제 말했냐고, 같이 정리하자고, 지금이라도 말해줘서 고맙다고 하시더라고요."

그 이후 그는 아르바이트를 시작했고 카드 빚을 아버지와 함께 상환해나가고 있다고 했다. 처음으로 자기 발로 조금씩 걸어가는 느낌이라고 했다.

그 말은 마치 나팔 소리 같았다. 조용하지만 분명한, 깨어나는 사람의 목소리.

다섯 장의 카드는 그에게 대단한 미래를 약속하지 않았다. 다만 지금 이 자리에서 자기감정과 진심을 마주하고 살아가도 된다는 작은 허락을 건넸을 뿐이다.

치매 노모를
떠나보낸 외동딸

그녀는 아버지를 먼저 떠나보내고 그 뒤 6개월 동안 치매에 걸린 어머니를 정성스레 돌보다 결국 어머니까지 떠나보낸 외동딸이었다.

"엄마가 돌아가시고 집 안이 너무 조용해졌습니다. 아무도 불을 켜달라 하지 않고 물을 달라 하지도 않습니다. 내가 필요했던 시간은 끝났습니다. 이제 나는 무엇으로 살아야 할까요?"

상실의 끝에 선 자리. 그녀는 38세의 평범한 직장인이었다. 그러나 지난 1년간 그의 삶은 완전히 달라졌다. 아버지가 갑작스레 세상을 떠났고 그 충격으로 어머니의 치매 증상이 급격히 진행되었다. 병원, 간병, 밤샘, 약봉지, 화장실 바닥의 오물, 그리고 점점 그녀를 못 알아보던 엄마.

"엄마가 돌아가신 지 49일이 지났어요. 아버지 제사도 엄마 장례도 제가 혼자 치렀어요. 이제 저는 누구에게도 딸이 아닙니다."

그녀는 말없이 카드를 뽑았다. 손끝은 놀랍도록 안정돼 있었지만 그 안엔 아무 말도 하지 못한 묵직한 감정이 담겨 있었다.

 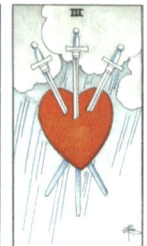   

첫 번째 카드, **죽음(Death). 삶의 끝, 시작의 문턱.**

"첫 번째 카드는 죽음이네요. 이 카드는 끝남을 의미하지만 동시에 무언가가 다시 태어날 준비를 하는 시기라는 뜻도 있어요."

그녀는 조용히 고개를 끄덕였다.

"이 카드는 무언가 하나 끝났을 때 또 다른 존재는 어떻게 다시 살아나느냐 하는 깊은 질문을 던집니다."

두 번째 카드는 **소드 3(Three of Swords). 심장에 세 개의 검이 꽂혀 있다. 이별, 상처, 통증의 상징.**

"이건 이루 말할 수 없는 슬픔을 말해요. 어머니가 돌아가셔서 힘들겠지만 돌보는 시간도 무척 고단하고 힘겨웠을 수 있어요."

그녀는 멍하니 카드를 바라보다 작게 입술을 떨었다.

"간병 중에는 울면 안 되는 줄 알았어요. 엄마가 멍하니 앉아 있을 때는 저도 멍하니 따라 앉아 있었죠. 하루하루가 업무처럼 지나가곤 했어요."

세 번째 카드는 **펜타클 9(Nine of Pentacles). 정원 한가운데 홀로 서 있는 여성이 평온한 표정으로 서 있다.**
"이 카드는 스스로 돌보는 힘을 상징해요. 당신은 오랜 시간 누군가의 돌봄을 책임졌지만 이젠 자기 자신을 위한 돌봄의 시간이 필요해요. 그리고 그동안 힘들었던 만큼의 보상도 따른다는 암시입니다."

네 번째 카드는 **달(The Moon). 어두운 물가, 두 마리 동물 그리고 흐릿한 빛.**
"이 카드는 불확실한 감정, 혼란과 외로움 그리고 내면의 깊은 무의식을 보여줘요. 그리고 뭣 모르는 사람들이 주변에서 뒷말들을 할 수 있지만 신경쓰지 말라고도 하고요."

마지막 카드는 **별(The Star). 모든 카드 중 가장 조용하고도 빛나는 회복의 카드. 밤하늘 아래 한 여인이 별을 바라보며 물을 붓고 있다.**
"이 카드는 상실 이후의 희망을 뜻해요. 누군가를 위해 살아온 시간은 그 자체로 당신을 단단하게 만든 증거고 이젠 그 단단함을 당신 자신에게 돌려줘야 해요. 그리고 자신이 더 이상 필요 없다고 생각하는 게 아니라 그동안 잘 버텨낸 자신을 격려하고 다독여야 한다는 말이기도 해요."

그로부터 얼마나 시간이 흘렀을까. 장을 보면서 호박을 사는데 돌아가신 어머니가 했던 말이 떠올랐다고 한다.
"말랑한 게 달아. 그런 게 속도 좋아."

그 말을 떠올리며 자신도 모르게 호박을 두드려보는 그 순간, 많이 울었다고 했다.

너무도 일상적인 그 장면이 가장 아플 때가 있다. 누군가의 부재는 작고 평범한 순간에 더 선명해질 수 있기 때문이다.

시간은 흐른다. 눈이 오고 비가 내리고 세상은 아무렇지 않게 흘러가고 우편함엔 고지서가 꽂히고 봄이 돌아온다. 산다는 것은 그런 일상을 담담하게 채워나가는 것이다.

반려동물의 죽음 이후, 말을 잃은 아이

민호(가명)가 상담실 문을 열고 들어섰을 때, 작은 어깨는 축 처져 있었다. 단 한마디도 하지 않았다. 엄마 손을 꼭 잡고 있었고 질문에도 고개만 까딱하거나 손짓으로만 대답했다.
민호의 다른 손엔 낡은 인형 하나가 들려 있었다. 몽이가 함께 자던 강아지 인형이었다. 그 손에 인형이 들려 있다는 것만으로도 민호의 마음은 여전히 몽이와 함께라는 걸 느낄 수 있었다.
나는 조심스럽게 타로 카드를 꺼냈다.
"말을 하지 않아도 괜찮아. 마음은 다른 방법으로도 우리에게 말을 해줘. 자, 몽이가 천국에 가서 잘 지내는지 타로 카드를 뽑아서 알아볼까?"
민호는 조용히 다섯 장을 뽑았다.

첫 번째 카드, **마법사(The Magician). 카드 속 마법사는 한 손으로는 하늘을 다른 손으로는 땅을 가리키고 있다. 그 앞엔 네 가지 도구-컵, 소드, 펜타클, 완드-가 놓여 있다.**

"이 카드는 말을 만들어내는 힘을 가진 카드야. 너는 지금 아무 말도 하지 않지만 사실은 네 마음속에 아주 많은 말이 있어. 그건 꼭 소리로 꺼내지 않아도 돼. 그림, 손짓, 눈빛, 편지… 모두 너만의 말이 될 수 있어."

민호는 눈을 반짝이며 카드를 바라보았다.

입은 다물고 있었지만 작은 숨결 하나하나에서 반응이 느껴졌다.

두 번째 카드, **컵의 여왕(Queen of Cups). 바다를 배경으로 잔을 품에 안고 조용히 바라보는 여왕.**

"이건 감정이 깊은 사람, 마음이 따뜻한 사람의 카드야. 이 카드가 나왔다는 건 네가 몽이를 아주 많이 사랑했다는 뜻이야. 그리고 민호가 몽이를 생각하는 이상으로 몽이를 염려하고 기다리는 사람이 곁에 있다는 걸 말하기도 해."

민호는 인형을 꼭 쥐었다. 나는 낮은 목소리로 이어 말했다.

"지금의 슬픔은 사랑일 거야. 네가 몽이를 얼마나 사랑했는지 알 것 같아. 슬픔까지도 참 소중한 감정이야."

세 번째 카드, **힘(Strength). 한 소녀가 사자의 턱을 부드럽게 감싸고 있다. 그건 강한 힘이 아니라 다정함으로 길들이는 힘이다.**

"이 카드는 진짜 용기를 말해줘. 강하다는 건 울지 않는 게 아니야. 오히려 '울어도 괜찮아.', '약해져도 괜찮아.'라고 말할 수 있는 모습이란다."

민호는 조용히 입술을 달싹였다.

"어른들이 자꾸 '이제는 잊어야지.'라고 해요. 근데 그럴수록 더 생각나고 아팠어요."

나는 고개를 끄덕였다.

"맞아. 잊는 게 중요한 게 아니야. 그리워해도 괜찮고 울어도 괜찮아. 몽이를 기억하는 너의 마음이 참 용감한 거야."

민호의 눈가가 붉어졌다.

네 번째 카드, **컵의 8(Eight of Cups). 등을 돌린 인물이 떠나는 달빛 아래 조용히 걸어간다. 감정이 담긴 여덟 개의 컵을 뒤로 한 채.**

"이 카드는 조금씩 마음을 떠나보내는 연습을 의미해. 몽이를 마음 한 켠에 잘 자리 잡게 해주고 민호는 민호의 일상을 씩씩하게 살아가야 해."

마지막 카드, **황제(The Emperor). 단단한 돌 왕좌에 앉아 질서와 구조, 중심을 상징하는 황제.**

"민호야, 타로가 억지로 잊으려고 하지 않아도 된대. 몽이 꿈을 꾸면 일기를 쓰거나 몽이가 보고 싶을때 편지를 쓰면 어떨까? 몽이는 먼저 천국에 도착했대. 거기서 민호가 아주 나중에 올 날을 기다리고 있대. 그러니까 민호는 나중에 나중에 몽이를 만나서 얼마나 잘 지냈는지 얘기해주면 돼."

민호는 한참을 생각하더니 조심스럽게 고개를 끄덕였다.

그 아이는 아직 상실의 한가운데 있었다. 하지만 그 중심에서 스스로를 일으키려는 마음이 움트고 있었다. 먼저 떠난 존재는 끝이 아니라 우리를 기다리는 시작의 자리가 되어준다. 민호는 이제 그 시작을 향해 조금씩 아주 조용하게 걸어가고 있었다.

어미를 잃고 눈도 뜨지 못하는 핏덩이 강아지들이 젖을 찾으며 바들바들 떠는 모습을 목격한 적이 있다. 하나의 목숨이 안타깝게 끝이 났지만 그래서 또한 꿈틀대는 새로운 생명들이 시작됐다. 어미 젖 대신 작은 주사기에서 분유가 흐르자 강아지들은 사력을 다해 생명수를 마셨다. 그 광경에 나도 모르게 탄성이 터져 나왔다. 그 장엄한 삶의 광경은 참으로 생생하고 가슴 뭉클했다.

영정사진을
준비하며

**죽음을 준비하는
80대 여성의 리딩**

"큰 지병이 있는 건 아니지만 나이가 있으니까 이제는 슬슬 준비해야 할 것 같아서요."

그녀는 담백한 미소로 말을 맺었다. 흰머리를 정갈하게 올려 묶었고 얇은 스카프가 목선을 부드럽게 감싸고 있었다.

80세, 이름은 순자(가명). 한때 초등학교 교사였고 지금은 혼자 살고 있었다.

"영정사진도 찍었어요. 준비된 채로 떠나고 싶어서."

나는 타로 카드를 천천히 섞고 그녀 앞에 펼쳤다.

첫 번째 카드, **컵 에이스(Ace of Cups)**.

그녀가 조용히 웃었다.

"참 이상하죠. 요즘 들어 꽃이 더 예뻐 보이고 차향도 더 깊게 느껴져요. 마치 세상이 마지막 인사를 건네는 것처럼요."
"컵 에이스는 감정의 시작, 순수한 기쁨의 시작입니다. 오히려 삶의 감각을 더 예민하게 느끼게 되는 시기라고 하네요."

두 번째 카드, **세계(The World). 완성, 성취, 하나의 순환이 아름답게 닫히는 상징.**
그녀는 고개를 끄덕이며 말했다.
"그림 같은 순간들이 있어요. 잠결에 들려오는 새소리, 담의 능소화. 내가 살아온 시간들이 그렇게 천천히 한 폭의 풍경처럼 정리되는 것 같아요."

그녀의 눈동자는 평온했지만 다음 카드가 펼쳐지자 그 평온에 작은 금이 생겼다.

소드 8(Eight of Swords).
"흠, 이 타로 카드는 스스로를 가두는 생각들, 보이지 않는 감옥을 말합니다. 혹시 그런 무거운 생각을 하기도 하시나요?"
"네, 실은… 마음에 걸리는 게 있어요. 아들은 외국에 있고 딸은 바빠요. 걱정 끼치기 싫어서 연락을 안 하게 되는데 그런 게 조금은 서글프네요."
나는 그녀의 손등 위에 조용히 손을 얹었다. 그녀가 입을 다문 건 입을 닫고 싶어서가 아니었다. 말할 수 없어서였을 것이다.

네 번째 카드, **여사제(The High Priestess).**
"침묵과 직관, 마음속 깊은 자아와 연결되는 상징을 의미합니

다. 자신을 가장 잘 어루만질 수 있는 존재가 있다면 누구일까요?"

"아, 요즘 꿈속에서 자주 엄마를 봐요. 젊은 시절 엄마가 날 부르듯 웃으며 손짓해요. 그럴 때마다 나는 마음속으로 대답해요. 조금만 기다려요, 엄마."

그녀는 죽음이 끝이 아니라는 것을 어렴풋이 알고 있었다. 삶과 죽음은 둘로 나뉜 것이 아니라 하나의 리본처럼 매듭지어지는 흐름이었다. 그리고 여사제는 그 흐름을 묵묵히 받아들이는 자의 얼굴을 하고 있었다.

 마지막 카드, **컵 5(Five of Cups). 잃어버린 것에 머물다 남은 것을 보지 못하는 슬픔.**

"지금 어떤 게 가장 후회되고 아쉬우세요?

그녀는 카드의 이미지를 오래 바라보다가 조용히 입을 열었다.

"이 나이에도 아쉬운 게 많네요. 남편에게 더 따뜻하게 굴 걸, 아들과 딸에게 좀 더 자주 사랑한다고 말할 걸…."

나는 조용히 말했다.

"그건 지금이라도 할 수 있어요. 세 개의 잔은 엎어졌지만 아직 남은 잔이 두 개 있습니다."

그녀는 상담이 끝난 뒤 작게 인사하고 문을 나섰다. 문 너머 햇살이 조용히 그녀의 어깨에 내려앉았다.

그날 이후, 그녀는 매일 한 통씩 편지를 썼다고 한다. 멀리 있는 아들에게, 가끔 울던 딸에게, 심지어는 오래전에 떠난 남편에게도. 그 편지들은 꽃과 함께 그녀의 작은 책상 위에 쌓여갔다. 그녀는 그 위에 조용히 준비된 미소를 놓아두었다.

다음의 기회는 기적 같다고 생각한 적이 많다. 다음에 또 만나자고 하면 그 순간에 '아, 이제 헤어지는구나.' 하고 실감하게 되고, 어떤 기회를 놓쳐 다음에 하면 된다고 위로받을 때는 그게 쉽지 않다는 걸 알고 있다. 순자 할머니를 보면서 만감이 교차했다. 삶은 완벽할 필요가 없고, 삶을 선택하기 위한 명분도 반드시 큰 것일 필요는 없다. 남은 생이 얼마나 될지 모르지만 후회 없이 진솔하게 보내자고 마음먹었다.

<일월모란도>, 지름 30cm, 원형 캔버스에 구채옻칠, 2018

5부
세상 속에서 길을 잃었을 때

사회와 개인 사이에서
갈등하는 사람들을 위한 타로 상담

<명감 3(물의힘)>, 120×150cm, 한지에 채색, 2018

조용한 무기

타로와 그림으로
군대 속 청년을 구하다

그는 말이 없었다. 눈동자는 계속 허공을 맴돌았고, 손끝은 책상 아래를 반복적으로 긁어내리듯 문지르고 있었다.
"그냥 자고 일어나면 다 사라졌으면 좋겠어요."
그가 처음 꺼낸 말이었다. 그 말은 아주 조용했지만, 조용해서 더 뼈아팠다. 이등병 성우(가명)는 군 입대 두 달 만에 '관심병사'로 분류됐다. 훈련 중 갑자기 눈물이 터지고, 밤이면 이유 없이 웃으며 말을 쏟아내거나 무표정한 얼굴로 벽만 바라보는 시간이 길어졌다. 부대에서는 그를 '문제병사'로 불렀고, 그는 자신을 고장난 인간이라 여겼다.
나는 말보다 먼저, 그림을 건넸다.
"설명하지 않아도 돼요. 그냥 지금 마음속 풍경을 그려봐요."
그는 거칠게 색을 문질렀다. 검은색이 종이의 반을 뒤덮었고 그 위로 날이 선 붉은 선이 어지럽게 지나갔다.
"이건 제 머릿속이에요. 아무도 못 들어오고 나도 못 나가요."
그는 고개를 들지 않은 채 말했다.
그에게 타로 카드를 건넸다.
"지금 당신 안에서 말을 걸고 있는 마음의 형상들을 한 장씩 만나볼까요?"

그가 뽑은 첫 카드는 **소드 9(Nine of Swords). 불면, 죄책감, 반복되는 자책의 굴레.**

"이 카드는 깊은 밤, 잠에서 깨 고개를 감싼 한 사람을 보여줘요. 지워지지 않는 기억. 다시 잠들 수 없을 만큼 힘겨운 근심을 말하기도 해요."

그는 조용히 입을 열었다.

"훈련병 때 제가 실수한 적 있어요. 그날 이후로 사람들이 다 저한테 화내는 것 같고… 계속 그 장면이 머릿속을 떠나지 않아요. 잘해도 계속 틀린 거 같아요. 그냥 제가… 틀린 사람 같아요."

"이 카드는 말해요. 성우 씨가 잘못한 게 아니라 너무 아파서 그 기억을 놓지 못하는 거라고요. 마음은 아직 그 순간에 갇혀 있네요."

두 번째 카드는 **타워(The Tower). 무너짐. 예고 없는 붕괴.**

"이건 당신 마음속 구조가 한꺼번에 무너졌다는 걸 보여줘요. 자신을 지탱하던 믿음들, 남자는 강해야 한다, 아프면 안 된다, 군대에선 티 내지 마라. 그게 무너진 거예요."

그는 잠시 입을 다물었다가 다시 말을 꺼냈다.

"사실 저, 입대 전에 조울증 진단을 받았어요. 약도 먹었고요. 근데 그 말 하면 다들 그럼 왜 왔냐고 해요. 그 말 듣는 게 무서워서 아무 말도 못 했어요."

"이 카드는 말해요. 그건 당신 잘못이 아니라고. 지금 당신에게 필요한 건 무너짐을 막는 게 아니라 처음부터 다시 짓는 용기라고요."

세 번째 카드는 **은둔자(The Hermit). 고독. 스스로에게 이르는 길. 세상이 아니라 내 안을 비추는 등불.**

"은둔자는 외면한 세상 속에서 자신을 찾는 사람입니다. 당신은 지금 혼자이지만 그 고독 속에서 자신을 다시 만나고 있어요."

그는 고개를 떨군 채 낮게 중얼거렸다.

"진짜 그런 것 같아요. 다들 저를 멀리하는 것도, 제가 저를 멀리하게 만들어서 그런 것 같아요. 그냥 나란 사람을 잘 모르겠어요."

"지금은 타인을 설득할 시간이 아니에요. 성우 씨 스스로에게 말을 걸어야 할 시간이에요."

네 번째 카드는 **컵의 기사(Knight of Cups). 감정의 전달자. 상처 입은 감수성 그러나 여전히 관계를 바라는 마음.**

그는 컵의 기사를 뽑았을 때 조금 당황한 듯했다.

"이건 뭔가요? 기사요?"

"이 카드는 당신 안에 아직도 남아 있는 연결되고 싶은 마음,

진심을 누군가에게 전하고 싶은 바람을 상징해요."
"저한테도… 그런 게 있긴 한 걸까요?" 그는 조심스럽게 물었다.
"있죠. 당신은 여전히 누군가와 진심을 나누고 싶어해요. 당장 그 사람이 곁에 있지 않아도,
성우 씨가 마음을 다쳐도, 관계의 가능성을 버리지 않은 사람이에요."
그는 조용히 말했다.
"어쩌면 그런 말을 듣고 싶었던 것 같아요."

다섯 번째 카드는 **펜타클의 소년(Page of Pentacles). 작은 희망. 아직은 불완전하지만 시작될 수 있는 미래.**
"이 카드는 새로 태어나려는 가능성이에요. 성우 씨가 지금 뭘 해야 할지는 아직 모르지만, 그냥 이대로 있을 수는 없다는 마음이 자라고 있다는 거예요. 자신한테 해줄 수 있는 약속 같은 거예요. '지금은 아무것도 아닌 것 같아도 그래도 해보자. 조금씩.' 그런 마음."

이후 그는 매주 그림을 그리고 감정을 조금씩 얘기했다.
"오늘은 괜찮았어요. 사람들한테 말은 못 해도 제 기분을 그림으로라도 표현하는 게 조금 좋았어요."

그는 이제 눈을 피하지 않는다. 상담실에 들어서도 고개를 숙이지 않고 때때로 웃는다. 그 웃음은 완치는 아니지만 자기 자신과의 전쟁에서 살아남은 사람만이 지을 수 있는 미소다.

마지막 상담에서 그는 작게 웃으며 말했다.

"이제 뭔가 해보고 싶어요. 여기서 멈추는 거 말고 뭔가를요. 아직 뭔진 모르겠지만 그래도 이제 나, 괜찮을 수도 있겠다는 생각이 들어요."

하나의 생을 이루기 위해 억겁의 고통의 시간을 거친다는 이야기가 있다. 어떤 영혼은 돌 안에 갇히고 나무 속에, 잡초 속에, 그 세계가 깨질 때까지 수천수만 년을 갇혀 지낸다고도 한다. 과학적으로는 설명할 수 없는 현상들이 많다. 태어나고 싶어서 태어난 것이 아니라지만 모든 삶은 진지하고 귀하다.

진짜 하고 싶은 게 뭘까요?

청년의 진로 방황

"내가 진짜 하고 싶은 게 뭔지 모르겠어요."
갸웃하며 고개를 숙인 청년. 수만(가명), 26세. 디자인학과를 졸업했지만 취업을 미루고 여러 스펙을 쌓고 있다 했다. 이력서에는 학원 수강 이력이 빼곡했지만 마음속은 여전히 텅텅 빈 것 같다고 했다.
"요즘은 내가 뭘 좋아하는지도 잘 모르겠어요. 열심히는 하는데 방향이 없달까요."
그의 말이 끝나고 나는 조용히 카드 다섯 장을 펼쳤다.

첫 번째 카드, **컵 7(Seven of Cups)**.
그는 눈을 크게 떴다.

"이 카드, 되게 혼란스러워 보이네요."
"그래요. 이건 선택의 카드예요. 욕망, 가능성, 환상, 미련, 기대… 여러 컵들이 수만 씨 앞에 놓여 있어요. 문제는 너무 많아서 하나도 제대로 잡지 못하고 있다는 거예요."
그는 고개를 끄덕이며 쓴웃음을 지었다.
"딱 지금 제 상태네요. 디자인을 계속해야 할지 대학원을 가야 할지 아예 다른 걸 해볼지… 생각은 많은데 손이 안 가요."

두 번째 카드는 **은둔자(The Hermit). 늙은 현자가 홀로 등불을 들고 깊은 산길을 걷고 있다.**
"이건요?"
"내면의 목소리를 듣기 위한 고요한 탐색을 의미해요. 지금은 바깥으로 향하는 것보다 안으로 향하는 시간이 필요해요. 하지만 그래서 어쩔 수 없이 외롭죠."
그는 고개를 끄덕였다.
"네. 사람들과 어울리긴 하는데 말은 못 하겠어요. '그냥 열심히 해봐.' '남들 다 그런 시기야.' 이런 말 듣는 것도 지쳐서요."

그 말에 나는 세 번째 카드를 펼쳤다.
펜타클 3(Three of Pentacles). 건축가, 석공, 성직자가 함께 설계도를 들여다보고 있다.
"이건 협업의 카드예요. 자신의 재능을 다른 이들과 나누며 배워가는 과정이죠. 지금 수만 씨에게 필요한 건 조언이 아니라 함께 그려볼 수 있는 사람이에요."
"그런 사람이 어디에 있을까요?"

그의 물음은 간절했다. 나는 그에게 말했다.

"찾기보다 보여주는 게 먼저입니다. 수만 씨가 진짜 하고 싶은 일을 표현하고 시작하면 그걸 지켜본 누군가가 다가올 수 있어요."

네 번째 카드, **바보(The Fool)**.

"이 카드는 모든 여행의 시작이에요. 세상의 기준에서 보면 미련해 보이지만 자기 마음 하나만 믿고 길을 나서는 모험가이지요."

그는 물끄러미 카드를 들여다보며 말했다.

"가끔 그냥 떠나버리고 싶어요. 돈이 없든 안정이 없든… 뭐라도 진짜 내 걸 해보고 싶달까요."

"그게 바로 당신 안의 바보예요. 지금은 억눌려져 있지만 언젠가는 걸음을 내디딜 준비가 된 존재입니다."

마지막 카드, **소드 6(Six of Swords). 검을 든 이가 배를 타고 잔잔한 물 위를 건너고 있다.**

"이건 이동과 이별의 카드예요. 지금의 혼란스러운 마음, 불확실한 환경과는 서서히 거리를 두게 될 거예요."

"저 진짜 괜찮아질 수 있을까요?"

나는 고개를 끄덕였다.

"방향은 이미 정해져 있는 것 같은데요? 수만 씨는 지금 그쪽을 향해 천천히 노를 젓고 있어요. 이동의 기회가 오면 과감히 떠나세요."

그날의 상담이 끝나고 무거운 배낭처럼 짓눌렸던 표정이 조금은 가벼워진 걸 나는 알아보았다.

얼마든지 실패하라고 말했다. 자전거도 넘어지는 연습을 잘해야 누구보다 쌩쌩 달릴 수 있으니까. 일곱 번 넘어지고 여덟 번 일어나야 자전거를 타면서 상쾌한 바람을 느낄 수 있다. 그리고 잘 탈 수 있게 돼도 가파른 내리막길이나 마주 오는 장애물이 나타날 수 있기 때문에 우리는 언제든 브레이크를 잡고 넘어질 준비가 돼 있어야 한다. 그 브레이크를 잘 다룰 수 있는 이는 아무래도 많이 넘어져본 사람일 것이다.

정리해고 후,
나는 쓸모없어졌나요?

중년 남성의 자존감 회복

"메일 한 통이 전부였어요."
그는 가만히 웃었다. 하지만 그 웃음은 너무 조용해서 오히려 울음처럼 보였다.
"회의 끝나고 자리에 돌아왔는데, 받은 편지함에 인력 조정 대상자 통보가 와 있더군요. 회사에선 아무렇지도 않은 듯 '그동안 감사했다.'고 했고, 저도 '그동안 수고 많으셨습니다.'라고 답했습니다. 깔끔했죠."
그는 말끝에 숨을 길게 토해냈다.
"그런데 집에 돌아오는 길에 이상하더라고요. 어제까지는 내가 필요한 사람이었는데… 오늘은 쓸모없는 사람이 된 것 같았어요."
나는 조용히 고개를 끄덕였다.
"지금 그 마음으로 타로를 골라 주세요. 지금 안에서 뭘 말하고 싶은지 들어볼게요."
그는 다섯 장을 뽑았다.

첫 번째 카드, **펜타클 5(Five of Pentacles)**. 눈 내리는 거리, 부축받으며 걷는 두 사람. 따뜻한 성당 불빛이 등 뒤에서 비추지만 그들은 그 빛을 등진 채 웅크리고 걷는다. 결핍. 소외. 상실.

"이 카드는 말해요. 지금 겉으로는 괜찮은 척하고 있지만, 마음 깊숙이에선 자신이 완전히 버려졌다고 느끼고 있다는 걸요. 정신적으로도 물리적으로도 궁핍하게 느껴지실 수 있어요."

그는 고개를 숙였다.

"그저 회사에서 잘렸을 뿐인데… 왜 제 인생 전체가 쓸모없어진 것처럼 느껴질까요?"

"그건 얼마나 오랫동안 쓸모 있는 사람으로 살아왔는지를 반증하는 것이기도 해요. 누군가에게 필요한 사람이었고, 가족을 책임졌고, 조직에서 한 자리를 차지하셨을 거니까요. 그게 전부 사라진 지금, 마치 자신도 함께 사라진 것처럼 느껴지실 수 있습니다."

그는 말없이 손등을 쓰다듬었다.

두 번째 카드, **마법사(The Magician)**. 아직 손에 남아 있는 것들. 책상 위엔 네 가지 도구가 놓여 있다. 칼, 컵, 완드, 펜타클.

그는 한 손으로 하늘을, 다른 손으로 땅을 가리킨다. 무(無)에서 유(有)를 창조하는 자.

"이 카드는 당신이 여전히 가진 것을 말해요. 그동안 쌓은 경험, 살아온 연륜, 실패와 성공을 통합하는 힘. 단지 그걸 지금은 어디에 써야 할지 모를 뿐이에요. 재능이 많은 분이라고 하는데 따로 하고 싶은 건 없으셨어요?"

그는 잠시 생각하다 조용히 입을 열었다.

"사실, 예전부터 꿈꿔온 게 있긴 했어요. 동화 같은 걸 써보고 싶었어요."

나는 웃으며 고개를 끄덕였다.

"역시. 그게 마법사의 시작이에요. 누군가에겐 사소한 꿈처럼 들릴 수 있어도 다시 삶과 연결되는 첫 끈이 될 수 있어요."

세 번째 카드, **펜타클 에이스(Ace of Pentacles). 거대한 손이 하늘에서 내려오고 그 위에 황금빛 펜타클이 놓여 있다. 초록빛 정원으로 이어지는 문이 열려 있다. 물질적 기회, 현실에 뿌리내릴 가능성, 새로운 시작의 씨앗.**

"이건 새로운 가능성이에요. 아직은 작고 불안정하지만 지금 여기서부터 진짜 새로운 시작이 가능하다는 신호죠. 분명 그런 시작의 기회가 오고 있음을 의미해요."

그는 작게 미소 지었다.

"근데, 내가 할 수 있을까요?"

"당연하죠. 이 씨앗은 아직 땅에 심기지 않았을 뿐 그 안엔 충분한 생명의 에너지가 있어요."

네 번째 카드, **컵 9(Nine of Cups). 반원형으로 진열된 아홉 개의 컵, 그 앞에 만족스럽게 팔짱을 낀 남자. 내면의 충만, 외부에 휘둘리지 않는 자존감.**

"이 카드는 말해줍니다. 실직과 상관없이 이미 괜찮은 사람이라는 걸. 이제는 타인의 시선이나 인정보다 마음 안에서 우러나오는 감정으로 삶의 가치를 결정해야 할 때예요."

그는 조용히 고개를 끄덕였다.

"평생 누군가한테 보여주기 위해 살았던 것 같아요. 가정에선 아버지로, 직장에선 팀장으로… 그냥 나로 존재하는 게 가능할지 모르겠어요. 아직은 어색해요."

다섯 번째 카드, **완드 6(Six of Wands). 백마를 탄 승자가 월계관을 쓰고 주위 사람들의 환호 속에서 행진한다. 승리, 늦게 도달한 인정, 회복된 자부심, 내 방식의 귀환.**

"이건 결국 자기 삶의 중심으로 다시 걸어 들어올 거란 카드예요. 이 승리는 화려하지 않지만 그만큼 단단하고 스스로가 만든 승리예요. 공개채용의 기회나 도전해보고 싶은 시험이 있다면 얼마든지 응시해보세요."

그는 작게 웃었다.

"오! 그런 기회가 정말 오면 좋겠네요."

"그날은 올 거예요. 지금 이미 거기를 향해 걷고 있으니까요."

한 달 후, 그는 가까운 도서관에서 자원봉사를 시작했다. 아이들에게 책을 읽어주거나 책을 찾는 걸 도와주는 일이었다.

"오늘 어떤 아이가 물었어요. 아저씨는 왜 회사 안 다녀요? 전

웃으며 말했어요. 지금은 책 읽어주는 게 내 일이야. 그 말이 처음으로 변명이 아닌 말처럼 느껴졌어요."

그는 더 이상 해고당한 사람이 아니었다. 자기 시간을 다시 살아내는 사람, 스스로를 다시 써 내려가는 사람, 한 문장 한 문장 자신의 삶을 다시 작가로서 짓는 중이었다.

타로는 그에게 쓸모 있는 사람이 되라고 말하지 않았다. 대신 존재만으로 이미 괜찮은 사람임을 알려주었다. 정리해고는 끝이 아니라 오히려 뭐든 시도해 볼 수 있는 진짜 자기 인생이 될 수 있다는 걸. 그리고 그는 마침내, 살아남기 위해 일하던 사람에서 자기 이름으로 살아가기 시작한 사람이 되어가고 있었다. 내 삶을 믿어야 내 삶 속에서 다름 아닌 내가 생생하게 존재하는 것이다.

여기까지가
내 한계인가요

번아웃에 빠진 작가

"아무것도 쓰고 싶지 않아요. 심지어 읽는 것도 지겨워요."
그녀는 눈 밑에 깊은 그늘을 드리우고 앉아 있었다. 이름은 하린(가명), 39세. 장편소설 두 권을 냈고 평단에선 전도유망한 작가로 불렸다고 한다. 하지만 2년째 아무 글도 쓰지 못한 채 침묵 속에 머물고 있었다.
"하루 종일 멍하니 있다가 밤이 되면 죄책감이 몰려와요. '왜 안 쓰니, 너는 작가잖아?' 하는 목소리들이…."
나는 조용히 타로 카드를 셔플하고, 그녀 앞에 다섯 장을 펼쳤다.

첫 번째 카드, **힘(Strength)**. 부드럽게 사자를 다스리는 여인.
"이건 부드러운 힘의 상징이에요. 억누르지 않고 길들이는 힘.

지금 하린 씨에게 필요한 건 자신을 몰아치는 게 아니라 자기 안의 야생을 다독이는 일이에요. 그런 정신적인 힘이 중요했던 과거를 보여주고 있어요."

두 번째 카드, **완드 10(Ten of Wands). 짐을 한 아름 안고 고개 숙인 인물.**
"글을 쓰면서 굉장한 부담을 갖고 있었네요."
"맞아요. 글이 잘될 때도 독자들 기대, 출판사 눈치, 다음 책에 대한 불안이 컸었어요. 쓰고 싶어서가 아니라 써야만 하니까 글이 점점 숨 막혔던 것 같아요."
"지금은 잠시 짐을 내려놓아야 할 때예요. 현재 글을 쓰지 않는 건 게으름이 아니라 자기 구조일 수 있어요."

세 번째 카드, **컵의 여왕(Queen of Cups). 잔을 두 손으로 감싼 여왕.**
그녀는 한참 동안 카드에 시선을 두었다.
"이 여왕은 마음을 깊이 들여다보는 사람이에요. 예민하고 감정이 풍부한 대신 자주 지쳐요. 하린 씨는 세상과 사람들의 감정을 너무 많이 받아들였던 것 같아요. 이젠 자신의 감정을 돌볼 시간이에요."
그녀는 고개를 떨궜다. 잠시 말이 없었다. 그러다 말했다.
"예전엔 혼자 영화 보러 다니고 시집도 읽고 그랬는데… 언젠가부턴 그것마저도 소재 발굴을 위한 일이 돼버렸어요. 이젠 내가 뭘 좋아하는지도 모르겠어요."

네 번째 카드를 펼쳤다.

죽음(Death). 검은 말을 탄 사신 그러나 햇살이 떠오르는 수평선.
"이 카드는 끝이기도 하지만 새로운 시작이기도 해요. 작가로서의 이전 방식이 이제는 맞지 않는 거예요. 이젠 글을 쓰는 이유, 방식, 대상이 달라지려는 전환점에 있어요. 무언가를 내려놓을 때 다른 게 태어날 수 있습니다."
그녀는 아주 작게 그러나 분명하게 말했다.
"예전엔 사람들이 뭐라 하든 내가 좋다고 느끼는 장면을 쓸 수 있었어요. 그 감각을… 잊고 있었던 것 같아요."

마지막 카드, 별(The Star). **어두운 밤하늘 아래 물을 따르고 있는 여인.**
"별은 소리 없이 빛나요. 어두운 밤을 견디는 사람에게만 그 빛이 보이죠. 글을 쓰지 않아도 당신은 여전히 작가입니다. 그건 직업이 아니라 존재의 방식이니까요. 억지로 글을 쓰지 말고 하고 싶은 걸 하세요."

시간이 흐르고 그녀의 소식을 들었다.
"새 글을 쓴 건 아니에요. 대신 제 방을 치웠고, 책상 옆에 작은 선인장 화분을 하나 뒀어요. 그 선인장을 보며 처음으로 이렇게 말했어요. 나, 쓰고 싶어질 때까지 기다릴게."
그 말이 진짜 문장의 시작일지도 모른다.

번아웃은 끝이 아니라 다시 살아나기 위한 쉼표였을 뿐. 그녀의 별은 어둠 속에서 천천히 다시 빛나기 시작하고 있었다.

이상하게도 영화나 드라마의 주인공은 덮어놓고 잘되기를 바라게 된다. 무명 배우이거나 무명 가수인 경우 성공하기를 응원하고 안타까운 사랑은 꼭 이루어지길 바란다. 왜 그럴까? 사실 나랑 아무 상관도 없는데, 그저 '지켜보게 되었다'라는 이유 하나만으로! 또 대개의 주연들은 완벽하진 않아도 어딘가 매력이 있어서 끌리게 되어 있다. 희한하다.

그러니까 우리는 (꼭) 내 인생의 주연이 되어야 한다. 영원히 영원히 응원받을 수 있게.

신내림을
고민하는 여인

타로로 만난
삶의 진짜 질문

그녀는 상담실 문을 세 번이나 돌아보며 조심스럽게 들어왔다. 손에 구겨진 부적과 기도문이 들려 있었다. 누구에게도 말하지 못한 비밀을 처음으로 꺼내러 온 사람의 표정이었다.
"선생님, 저… 미친 거 아닐까요?"
그녀는 말을 이으며 울먹였다.
"(신을) 안 받으면 죽을 것 같고, 받으면 제 인생이 끝날 것 같아요."
희정(가명)은 사십 대의 전업주부로 두 아이의 엄마였다. 몇 년 전부터 귀에서 알 수 없는 소리가 들리고, 낯선 이의 얼굴이 꿈에 자주 나타났다고 했다. 때로는 꿈이 현실이 되기도 했고, 길을 걷다가 지나가는 사람의 속마음이 들리는 것 같은 느낌에 시달렸다. 주변에서는 신을 받아야 한다고 했다. "신이 부른다.", "더 버티면 큰 병 생긴다."라는 말들이 공포처럼 그녀를 짓눌렀다.
하지만 그 길이 자신과 맞지 않는다는 것도 어렴풋이 알고 있었다. 문제는 그 두려움과 혼란을 누구와도 나눌 수 없다는 것이었다. 그리고 자식들도 같은 걸 겪을까 봐 두려웠다.

 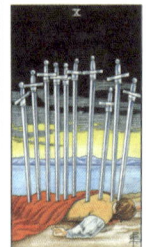   

첫 번째 카드, **악마(The Devil). 공포에 붙잡힌 마음. 검은 날개를 단 악마 앞에 쇠사슬에 묶인 두 남녀가 서 있다.**

"이건 진짜 신이 아니에요. 당신을 옥죄는 공포, 죄책감, 강요된 운명 같은 것들. 당신을 구속하는 유혹들이에요."

그녀는 고개를 떨구었다.

"계속 신을 안 받으면 벌받는다는 꿈을 꿨어요. 누군가 제 목을 잡아끌어요. 무서운데… 내가 잘못한 것도 같고…"

두 번째 카드, **소드 10(Ten of Swords). 검은 하늘 아래 열 개의 검이 누군가의 등에 꽂혀 있다.**

"이 카드는 극한의 고통 그리고 더이상은 물러설 수 없는 지점이에요. 지금 삶에서 겪을 수 있는 모든 힘든 걸 다 겪고 쓰러진 거예요."

희정 씨는 울기 시작했다.

"10년 전에 아이를 잃었어요. 사실 그때부터 귀신이 들린 것처럼 꿈을 꾸고 이상한 소리를 들었어요. 그 아이가 저를 부르는 것 같았고…. 너무 무서워서 차라리 신을 받으면 끝날 줄 알았어요."

나는 천천히 말했다.

"그건 귀신도 신도 아닌… 당신 안에 묻어둔 슬픔이에요. 아직 끝나지 않은 이별. 그리고 제대로 울지 못한 엄마의 애도가 아닐까요?"

세 번째 카드, **심판(Judgement). 천사 가브리엘이 나팔을 불고 무덤 속 사람들이 깨어난다.**

"이건 신의 심판이 아니라 당신 자신의 심판이에요. 누구의 말도 아닌 당신 스스로를 깨우는 시간이에요. 전환점이 되는 어떤 소식이 있을 거예요."

나는 계속 말했다.

"당신이 두려워하던 건 신이 아니라 상실이었어요. 이제 그 무게를 정직하게 바라볼 용기를 가진 당신은 새로운 삶을 향해 부름을 받은 거예요."

네 번째 카드, **세계(The World). 원 안에서 춤추는 여인. 사방의 생명들이 그 춤을 지켜본다.**

"이 카드는 순환의 마무리이자 새로운 시작이에요. 기나긴 밤을 통과했어요. 이제 세월이 흐르듯 계절이 바뀌듯 순탄하게 미래를 맞이할 수 있는 가능성을 보여주네요."

다섯 번째 카드, **완드 에이스(Ace of Wands). 삶의 불꽃, 다시 피어나다. 하늘에서 내려온 손이 하나의 완드를 건네준다.**

"이건 새로운 생명력이에요. 뭔가 시작할 수 있는 계기가 오면 주저 말고 도전해보세요. 이제껏 유지되어온 것이 아닌 전혀 새로운 일일 수 있어요."

마지막 상담 날, 나는 색연필을 건넸다.
"이제, 당신이 바라보는 새로운 세계를 그려볼까요?"
희정 씨는 흰 종이 위에 밝은 붉은빛 선을 그었다. 그건 어딘가로 뻗어 나가는 한 줄기 생명의 빛이었다.
"저, 신은 안 받기로 했어요. 대신 저 자신을 매일 들여다보려고요."
희정 씨는 명상을 시작했고 감정 일기를 썼다. 그리고 친정어머니가 다니는 절에 따라다니면서 많이 편안해졌다고 했다.

나는 상담자로서 "이건 신내림이다." 혹은 "전혀 아니다."라고 단언할 수 없었다. 신내림은 전통 종교와 무속의 고유한 영역이며, 타로는 그 진위를 판별하는 도구가 아니다. 중요한 것은 그것이 신의 부름이든 내면의 외침이든 지금 이 사람이 무엇에 압도되어 있는가를 함께 살펴보는 것이다.

석가모니는 우리 이 은하계 중에 우리 인류와 마찬가지로 색신(色身)이 존재하는 별이 3천 개나 있다고 했다. 모래 한 알 속에 또 이런 삼천대천세계가 있다고 했다. 모래 한 알이 바로 우주와 같아서, 모래 속에도 우리처럼 지혜를 가진 사람이 있고 별이 있으며 또 산천과 하류가 있다 했다. 그런 모래를 내려다보는 입장이 되어보면 세속의 고통은, 내 마음의 괴로움은 어쩌면 아무것도 아닐지 모른다.

나는 왜
항상 피해자일까요?

**반복되는 인간관계
패턴 해석**

"왜 항상 상처받는 쪽은 나일까요?"
지현(가명), 34세. 상담 내내 그는 조용했다. 하지만 말보다 더 많은 감정이 꽉 다문 입술과 뺨을 스치고 지나가는 눈빛에 있었다. 직장에서도 연애에서도 인간관계의 끝은 늘 이용당한 느낌으로 끝난다고 했다.
"도와주면 당연하게 여기고, 맞춰주면 무시당하고, 거절하면 이기적이라 해요. 그래서 늘 참다가 혼자 울어요."
나는 그 앞에 조용히 타로 카드 다섯 장을 펼쳤다.

첫 번째 카드, **정의(Justice)**. 눈을 가린 여신이 칼과 저울을 들고 서 있다.

그는 고개를 갸웃했다.

"저, 착하게 살았거든요. 법 없이도 살 사람이라는 말도 많이 들었어요."

"그래서 이 카드가 나온 걸지도 몰라요. 정의는 옳고 그름을 따지는 카드이기도 하거든요. 그런데 혹시 자신에게조차 공정했는지를 묻는 것이기도 해요. 혹시 참는 게 습관처럼 돼 있진 않으세요?"

그는 멈칫했다.

"네. 그게 예의라고 생각했거든요."

 두 번째 카드, **악마(The Devil). 검은 산양이 사람들을 사슬로 묶어 내려다보고 있다.**

"주변에 착함을 악용하는 사람들이 있을 수 있대요. 따뜻한 가면을 쓰고 있는데 알고 보면 이기적인 사람이요. 사슬을 익숙하게 여긴 마음의 패턴일 수 있어요. 스스로를 희생해야 사랑받는다고 믿는 마음, 그게 어쩌면 위험한 거예요."

 세 번째 카드, **컵 6(Six of Cups). 아이 둘이 꽃을 주고받고 있는 과거의 이미지.**

그는 오랫동안 말을 잊지 못했다.

"이건 지금은 아련하게 느껴지는 과거의 감정 특히 어린 시절의 기억을 의미해요. 혹시 어릴 때는 어땠어요?"

"음, 엄마는 늘 바빴고 아빠는 화가 많았어요. 혼자서 조용히 눈치 보는 게 습관이었죠."

나는 조용히 말했다.

"그 아이가 여전히 마음속에 있다고 해요. 언제든 버려질까 봐 사람들에게 맞추는 걸 생존처럼 여겼던 아이. 지금 그 내면의 아이가 여전히 외롭기 때문에 항상 피해자처럼 느껴지는 건지도 몰라요."
그는 어느새 울고 있었다.

네 번째 카드, **완드 9(Nine of Wands). 상처 입은 병사가 벽을 등지고 방어하는 모습.**
"이건 지금의 지현 씨예요. 사람이 무서워서 거리를 두고 있지만 사실은 누군가 다가오길 바라는 마음이 있어요. 그런데 또 다가오면 겁부터 나죠."

마지막 카드, **심판(Judgement). 천사와 부활하는 사람들. 과거를 딛고 다시 살아나는 상징.**
나는 조용히 말했다.
"이건 되살아남의 카드예요. 당신은 더 이상 반복에 갇힐 필요 없어요. 이제는 선택할 수 있어요. 사슬을 끊을 수 있는 사람은 지현 씨 자신이거든요."

그는 한참을 가만히 앉아 있다가 작게 중얼거렸다.
"나 자신에게 사과하고 싶어요. 지금까지 그렇게 몰아붙이게 해서 미안하다고."
나는 고개를 끄덕이며 말했다.
"그게 변화의 시작이에요. 피해자는 끝이 아니라 주체로 다시 일어설 수 있는 자리예요."

누구에게 휘둘리지 않는 관계의 주체로 나아가려는 조용한 결심이 담겨 있었다. 상처는 흔적을 남기지만 그 흔적은 나를 다시 일으키는 방향표가 되기도 한다.

가끔은, 세상이 조금 뒤틀려 있다는 생각이 든다. 아주 약간 비틀어진 축 위에서 걷고 있다는 느낌. 그래서인지 어떤 날은 이유 없이 불안하다. 그렇지만 문득문득 숨결처럼 조용히 스며드는 틈이 느껴진다. 그 틈이, 이 모든 뒤틀림 속에서 나를 붙잡아 준다.

누구에게나 틈이 있다. 어쩌면 그 틈 덕분에 우리는 아주 조금씩, 아주 가까스로 이어져 나가는지도 모른다. 온전하지 않음이야말로 나를 살아 있게 하는 증거가 아닐까. 삶은 그런 식으로 균형을 이루고 있다. 완벽함이 아닌 어긋난 조화 속에서 우리는 끊어지지 않고 이어져 있다. 그래서 오늘도 부족하고 불완전한 나를 조금은 더 다정하게 바라본다.

<우주의 나비>, 120×95cm, 한지에 채색, 2018

6부

타로 카드의 의미 읽기

그림 연상법으로 보고 그리면서
상담하는 비결

<불사조>, 53×45cm, 한지에 구채옻칠, 2018

유니버셜 웨이트 타로 카드

타로 카드를 펼치면 우리는 두 종류의 세계를 마주하게 된다. 하나는 메이저 아르카나, 다른 하나는 마이너 아르카나이다. 이 둘은 마치 삶의 큰 줄기와 작은 가지처럼 서로를 보완하며 한 사람의 이야기를 완성해준다.

메이저 아르카나는 총 22장의 카드로 이루어져 있다. 0번 '바보(The Fool)'에서 시작해, 21번 '세계(The World)'에 이르기까지 한 인간이 삶 속에서 겪게 되는 중요한 전환점, 내면의 성찰, 운명적인 흐름을 담고 있다. 이 22장의 카드는 우리가 인생을 살아가며 반드시 지나야 하는 '성장의 단계' 혹은 '정신적 여정'을 그려낸 것이라 할 수 있다. 그래서 메이저 아르카나가 많이 나오는 리딩은 삶의 방향, 큰 결심, 중요한 시기와 관련되어 있다고 본다.

반면에, 마이너 아르카나는 우리 일상의 결 하나하나를 짚는 카드들이다. 친구와의 다툼, 갑작스러운 기쁨, 말 못 할 불안, 작은 성공과 반복되는 시도들. 삶의 디테일이 고스란히 담겨 있기에 우리는 이 카드들을 통해 '지금 여기의 나'를 훨씬 섬세하게 들여다볼 수 있다.

타로 카드 입문 단계에서는 유니버셜 웨이트 타로 카드로 시작하는 게 좋다. 왜 유니버셜 웨이트 타로 카드여야 하는가? 그건 모든 현대 타로의 기준점이기 때문이다. 현재 출간되는 대부분의 타로 카드는 유니버셜 웨이트의 구조와 상징에 기반을 두고 만들어진다. 즉, 이 체계를 익히면 다른 어떤 타로도 쉽게 응용할 수 있다.

● 상징 요소 예시

- **색채**
- 노란색 - 희망, 의식, 에너지
- 파란색 - 내면, 진실, 영혼
- 빨간색 - 열정, 생명력, 욕망
- 흰색 - 출발점, 텅 빈, 완성, 치유
- 검은색 - 미지의 것들, 감정적인 어두움, 새로운 세계
- 파란색 - 무관심, 우울함, 냉담, 갈망

- **숫자**
- 1 - 시작, 의지
- 2 - 화합, 이중성, 선택
- 3 - 창조, 결실
- 4 - 안정, 구조
- 5 - 변화, 갈등, 불안
- 6 - 또 다른 시작
- 7 - 창작, 계획
- 8 - 충족, 발전
- 9 - 절정. 만족
- 10 - 완성, 결말

- **인물의 자세**
- 직립 - 확신, 주체성
- 앉아 있음 - 수용, 명상
- 무릎 꿇음 - 겸손, 준비
- 손을 들어 올림 - 선언, 창조, 결심

- **자연물**
- 강 - 감정의 흐름
- 산 - 도전, 영성
- 별 - 직관
- 달 - 무의식
- 태양 - 의식의 순환

'나만의 타로 카드'로 길들이는 법

타로 카드를 처음 만나면 나만의 타로 카드가 될 수 있게 길들이는 과정이 꼭 필요하다. 타로 카드는 단순한 종이 조각이 아니다. 그것은 무의식과 우주의 메시지를 연결하는 신성한 도구이며, 그만큼 섬세하고 민감한 에너지를 지니고 있다. 그렇기 때문에 타로 카드를 사용하기 전이나 사용 후, 특히 감정이 무거운 질문이나 반복적인 리딩을 진행한 뒤에는 '정화(淨化)'의 시간이 필요하다. 이는 카드를 깨끗이 비우고 다시 순수한 상태로 되돌려주는 의식이다.

타로 카드 정화란 무엇인가

정화는 단순히 먼지를 털거나 손때를 닦는 행위가 아니라 타로 카드에 남아 있는 감정, 에너지, 기억의 흔적을 지우고 본래의 고요하고 중립적인 상태로 되돌리는 의식이다.

정화하지 않으면, 카드에 이전 리딩의 잔상이 남아 다음 해석에 영향을 줄 수 있으며, 상담자 본인의 감정이나 의도가 카드에 묻어나 왜곡된 해석을 이끌어낼 수 있다. 따라서 정화는 타로를 대하는 존중이자 해석의 정직성을 위한 준비 과정이다.

타로 카드 정화 방법

1. 호흡과 의도를 통한 정화

가장 간단하면서도 강력한 방법은 상담자 자신의 의식을 카드에 집중하는 것이다. 카드를 두 손으로 감싸듯 잡고, 눈을 감고 심호흡을 한다. 이때 마음속으로 이렇게 말한다.

"이 카드에서 모든 불필요한 에너지와 잔상을 씻어냅니다. 순수한 메시지만을 전하는 통로가 되게 하소서."

호흡과 의도를 통해 카드의 에너지장은 다시 맑고 깨끗한 진동으로 정렬된다.

2. 물리적 정돈 (순서대로 배열, 셔플과 정리)

카드를 여러 번 섞는 것도 훌륭한 정화법이다. 특히 리딩 후 카드를 한 장씩 천천히 다시 모으고, 전체를 세 번 이상 섞으며 손끝의 감각에 집중한다. 이 과정은 카드의 에너지를 흩고 다시 모으는 행위로, 이전 리딩의 흐름을 정리해주는 역할을 한다. 그리고 타로 카드를 처음 샀을 때의 순서대로 78장을 다시 정돈한다.

3. 실크나 면으로 닦기

향을 피워두고 카드 한 장 한 장을 실크나 면으로 닦아준다.

4. 빛 정화

손이 뜨겁지 않을 정도의 높이에 작은 초를 두고 카드 위아래 부분에 빛이 투과되도록 한다. 자연의 빛도 강력한 정화 도구이다. 특히 보름달이 뜨는 밤이나 해가 떠오르는 시간대에 창가에 카드를 펼쳐 놓으면, 빛을 통해 카드의 에너지가 다시 자연과 하나로 어우러진다. 단, 햇빛은 종이를 바래게 할 수 있으므로 짧은 시간 동안만 노출시키는 것이 좋다.

정화의 빈도와 타이밍

정화는 특별한 의식을 따르지 않아도 된다. 중요한 것은 필요한 때, 느껴질 때 정화하는 것이다. 다음과 같은 경우에는 정화를 권장한다.

- 새 카드를 처음 받았을 때
- 리딩이 끝난 후
- 낯선 사람이 카드를 만졌을 때
- 리딩이 이상하게 반복되거나, 카드 배열이 어긋난다고 느낄 때

타로 카드의 정화는 카드만을 위한 의식이 아니다. 그것은 상담자 자신을 정화하는 행위이기도 하다. 카드를 정화하는 시간은 내 마음도 다시 비우고 중심을 찾는 시간이다.

메이저 아르카나

거대한 비밀을 뜻하는 이 카드는 인간 삶의 근본적 전환점이나 중요한 심리적 과정을 상징한다. 0번 바보에서 시작해 21번 세계까지 인간의 영적 여정, 즉 삶과 성장, 통합의 순환적 여정을 나타낸다. 각 카드마다 그림을 구성하는 핵심 포인트, 조형 코드, 중요 키워드 순으로 설명했다.

0. 바보(The Fool)

태평하고 낙천적인 성향을 지닌 사람의 영향을 말한다. 밝은 에너지를 가지고 있지만 한편으론 무모한 편이라 한 번 더 신중할 필요가 있다.

여행을 막 시작한 사람이 절벽 끝에 서 있다. 얼굴은 하늘을 보고 있고 작은 봇짐을 들고 백합꽃을 손에 들었다. 옆에는 하얀 강아지가 함께한다. 이 모습은 새로운 시작, 자유로운 마음, 아직 아무것도 모르지만 설레는 기분을 나타낸다. 인물은 정면이 아닌 위쪽을 바라보며 열려 있고, 그의 발밑은 불안정하다. 배경은 맑고 밝아 자유로운 시작과 순수한 가능성, 제한 없는 탐험을 시각화하며 강아지는 본능, 해는 의식의 빛을 상징한다.

중요 키워드 ▶ #순수 #무계획 #자유로움 #여행 #방황

1. 마법사(The Magician)

많은 재능과 무한한 가능성을 가지고 있는 잠재력이 뛰어난 사람의 영향을 말한다. 하지만 마법사라는 점에서 현실적인 부분도 놓치지 말고 염두에 둘 필요가 있다.

한 손은 위로 다른 손은 아래로 향하며, 그의 앞에는 네 가지 슈트 상징(컵, 펜타클, 소드, 완드)이 놓여 있다. 화면은 수직-수평 구조로 균형 잡혀 있으며 무한대 기호가 머리 위에 떠 있다. 빨간 망토는 의지, 흰옷은 순수를 나타낸다. 이 카드는 의식을 통해 물질을 다루는 능력, 현실에 의지를 투사하는 힘을 조형적으로 표현한다. 그는 창조의 매개자이고 위와 아래는 하나라는 원리를 상징하며 상상과 현실을 연결하는 힘을 나타낸다.

중요 키워드 ▶ #바람둥이 #다재다능 #재능 #능력자 #언변

2. 여사제(The High Priestess)

직관이 발달된 현명하고 지혜로운 조언자의 영향을 말한다. 질문을 한 그 주제 분야의 전문가나 경험자의 조언이나 도움이 필요한 상황이다.

여사제가 조용히 앉아서 두루마리를 들고 있다. 뒤에는 커튼이 쳐 있고 물이 흐르고 있다. 옆에는 흰색과 검은색 기둥이 있다. 이 카드는 겉으로 보이진 않지만 속 깊은 생각과 직관, 비밀스러운 지혜를 뜻한다. 여사제는 중앙에 앉아 있으며 배경에는 성전의 커튼이 드리워져 있고 그 뒤로는 물이 흐른다. 흑백 기둥은 이중성(양극성)을 상징하고, 파피루스 두루마리를 안고 있는 것은 숨겨진 지식, 직관, 내면의 지혜를 나타낸다. 화면의 구도는 완전히 대칭적이며 정지성과 정적 긴장감이 강조된다. 이 카드는 의식 이전의 무의식, 수동적 수용의 지혜를 시각적으로 구현한다.

중요 키워드 ▶ #숨은 장벽 #통찰 #직관 #중도 #흑백논리 #포용

3. 여황제(The Empress)

다양한 종류의 결실을 의미한다. 어머니 역할을 할 만한 사람의 영향을 의미한다. (실제로 어머니일 수도 있고, 예를 들어 직장이라면 그 직장에서 어머니 역할을 할 만한 사람을 가리킨다.) 그는 온정이 많고 감수성이 풍부한 사람이다.

여인이 자연 속에 앉아 있다. 주변엔 나무, 곡식, 물이 있고, 별이 많은 왕관을 쓰고 있다. 그녀는 자연과 연결되어 있고 생명을 돌보는 사람이다. 그녀는 편안하게 앉아 있으며 조형적으로는 부드러운 곡선과 따뜻한 색조가 지배적이다. 풍요로운 자연, 별무늬 왕관, 석류 무늬는 생식력, 풍요, 창조성을 상징한다. 이 카드는 자연의 어머니, 감각적 삶의 수용을 시각적으로 표현하며 인물과 자연 사이의 통합을 보여준다.

중요 키워드 ▶ #화려함 #모성애 #가정적 #풍요 #사치

4. 황제(The Emperor)

규칙, 질서, 책임감 있는 어른의 모습을 뜻한다. 든든하고 강하지만 감정 표현은 잘 안 한다. 고지식하고 다소 보수적이며 하지만 리더십이 있고 믿음직한 어른을 상징한다. 남성적 카리스마가 넘치는 사람이다.

한 남성이 돌로 된 왕좌에 앉아 있으며 갑옷과 붉은 로브를 입고 있다. 화면은 딱딱한 직선과 대칭 구조로 구성되어 있으며 배경에는 황량한 산이 있어 이성, 질서, 권위의 이미지를 부각한다. 왕좌의 숫양은 아리에스(양자리)의 상징이며 그는 물질세계의 지배자로서 구조와 규율의 에너지를 조형적으로 드러낸다.

중요 키워드 ▶ #책임감 #완고함 #고집 #자존감 #의지 #보수적

5. 교황(The Hierophant)

정신적인 카리스마를 의미한다. 관운을 나타날 때가 많고 공적인 시험이나 문서운이 있는 시기이므로 그런 기회를 잡는 게 중요하다.

성직자처럼 옷을 입은 남성이 두 기둥 사이에 앉아 있고, 제자로 보이는 두 사람이 앞에 무릎 꿇고 있다. 한 손으로는 축복의 제스처를 취하고 다른 손으로는 삼중 십자가를 쥐고 있다. 머리에는 삼층 왕관을 쓰고 있다. 화면은 종교적 중심성과 상하 질서 구조로 배치되어 있으며, 전통, 신성한 질서, 집단적 신념 체계를 시각적으로 강조한다. 이 카드는 전통, 학교, 믿음, 선생님 같은 존재를 나타내며 규칙과 지식을 따라야 할 때를 뜻한다. 또한 영적 규범의 전달자로 조형적으로 구성된다.

중요 키워드 ▶ #전통적인 #큰 조직 #이해 #종교적인 #관습 #성직자

6. 연인(The Lovers)

우리는 모두 사람을 갈망하면서도 때로는 사랑하거나 사랑받는 것을 두려워하기도 한다. 사랑에 빠지는 순간 또는 어떤 가슴 설레는 기회나 유혹을 느낄 만한 제안이 시작되는 카드이다.

벌거벗은 남녀가 천사 아래에 서 있고, 그들 뒤에는 두 그루의 나무(불꽃, 선악과)와 산이 서 있다. 화면은 삼각형 구조를 형성하며, 천사는 상위 의식, 남녀는 인간적 양극성을 나타낸다. 이 카드는 사랑과 관계 또는 중요한 선택의 순간을 뜻한다. 감정뿐 아니라 생각도 중요하다는 걸 말해준다. 선택, 관계, 통합의 길목을 조형적으로 구성하며, 성적 에너지와 영적 에너지가 융합되는 시점을 시각화한다.

중요 키워드 ▶ #감정적 #호감 #사랑 #열정 #신뢰 #유혹

7. 전차(The Chariot)

자기 삶의 방향을 과감히 끌고 나가는, 정면 승부로 결정해가는 과정을 말한다.

갑옷을 입은 사람이 두 스핑크스(흑백)를 앞세우고 전차를 운전하고 있다. 하지만 두 스핑크스는 서로 다른 방향을 보고 있다. 이 모습은 여러 가지를 조절하고 이겨내는 의지를 뜻한다. 강한 집중력과 승리를 향한 움직임이다. 화면은 정중앙 수직축을 중심으로 구성되어 있으며, 움직임이 있지만 동시에 정적인 긴장감도 느껴진다. 이 카드는 의지로 대립된 에너지를 통제하고 목표를 향해 나아가는 힘을 시각적으로 상징한다. 갑옷의 별, 마차 위 천체 상징은 정신적 승리를 나타낸다.

중요 키워드 ▶ #추진력 #목표 #진취적 #시야가 좁음 #승부

8. 힘(Strength)

무섭게 싸우지 않고 친절하고 차분하게 힘을 보여준다. 이 카드는 진짜 힘은 부드러움과 인내에서 나온다는 걸 말한다. 감정을 잘 다스리는 힘을 말한다. 부모나 책임자로서 잘 구슬리고 타일러야 한다.

한 여인이 사자를 부드럽게 어루만지고 있으며, 머리 위에는 무한대 기호가 있다. 그녀는 강압적이지 않고 온유하며, 전체 화면은 밝고 부드러운 곡선으로 이루어져 있다. 이 조형적 구조는 외적 힘이 아닌 내적 인내와 자비, 감정의 조율 능력을 나타낸다. 사자는 본능, 여인은 자아로 읽히며, 조형적으로 본성과 의식의 통합을 보여준다.

중요 키워드 ▶ #정신력 #내공 #인내 #다정함 #내구력

9. 은둔자(The Hermit)

힘든 순간에도 혜안을 지닌 사람이다. 사회 안에서 고립되어 있는 것처럼 보일 수 있지만 실은 그만한 지혜가 있어 스스로 선택적 은둔을 하는 경우가 많다. 보다 본질적인 것에 초점을 맞춰 침착하게 위기를 극복하자.

어두운 곳에서 노인이 한 손에는 등불을 들고 다른 손에는 지팡이를 짚고 집고 홀로 사색에 잠긴 듯 걷고 있다. 빛과 어둠의 대비, 수직 하강 구조, 간결한 색채로 구성되어 있으며, 이는 자기 탐구, 성찰, 인식의 깊이를 시각적으로 표현한다. 등불은 진리를, 지팡이는 삶의 지혜를 의미하며, 화면은 외부보다 내면에 초점이 맞춰진 고요한 움직임을 담고 있다. 이 카드는 혼자만의 시간, 깊은 생각, 삶의 지혜를 뜻한다. 조용하지만 중요한 답을 찾고 있다.

중요 키워드 ▶ #은둔 #수행 #명상 #고립 #사고 #자아 성찰 #도인

10. 운명의 수레바퀴(Wheel of Fortune)

타로 카드의 꽃이라 할 수 있다. 운명적으로 만났다고 할 수밖에 없는 숙명적인 관계나 직업, 일 등을 의미한다. 우연히 일어난 것 같지만 필연적인 사건이다.

중앙에 거대한 바퀴가 돌고 있고, 네 생명체(스핑크스, 뱀, 신화적 존재들)와 고대 문자가 그려져 있다. 화면은 순환 구조와 원형의 반복으로 구성되어 운명의 변화, 주기, 무상함을 상징한다. 고정된 중심과 회전하는 외곽은 불변과 변화의 이중적 조화를 조형적으로 드러낸다. 이 카드는 운명은 항상 움직인다는 걸 말한다. 좋은 일도 나쁜 일도 계속 바뀌니까 너무 걱정하거나 자만하지 말라는 뜻이다.

중요 키워드 ▶ #운명 #재회 #변화 #인연 #쳇바퀴 #숙명

11. 정의(Justice)

중요한 서류나 계약, 법적으로 관련된 일, 송사 등이 일어날 수 있다. 이때는 전문가에게 맡기는 게 뒤탈 없는 방법이다. 면밀히 검토하고 신경을 써야 한다.

중앙에 여성이 정면을 바라보고 앉아 있으며, 한 손에는 검, 다른 손에는 저울을 들고 있다. 정직하고 공정한 결정을 내리는 사람의 모습이다. 구도는 수직 대칭 구조이며, 색감은 차분하고 절제되어 있다. 전체적인 구성은 감정 없이 이성적으로 바라보는 시각을 시각화한다. 이 카드는 균형, 진실, 공정한 판단을 조형적으로 드러내며, 인물의 정면 응시는 객관성과 도덕적 기준을 나타낸다. 지금 나의 행동이 미래에 어떤 영향을 줄지 생각하게 해준다.

중요 키워드 ▶ #이성 #선택 #정리 #공명정대 #법적 문제 #계약

12. 매달린 사람(The Hanged Man)

자신이 손해 보는 상황에서도 스스로 선택하고 희생적인 성향을 일컫는다. 관점 자체가 초월적이지만 그래서 세속에는 걸맞지 않고 수고스럽다.

한 인물이 나무에 거꾸로 매달려 있으나 표정은 평온하다. 화면은 대칭적이며 상하 전환된 시점이 핵심이다. 발은 십자가 구조로 묶여 있고, 머리 주위에는 후광이 비치고 있어 희생, 관점 전환, 내면적 깨달음을 시각적으로 보여준다. 이러한 조형 구조는 능동적 수동성을 상징한다. 이 카드는 세상을 다르게 보는 시선, 잠시 멈추고 생각할 필요성을 말한다. 억지로 움직이기보다 기다림 속에서 깨달음을 얻는다.

중요 키워드 ▶ #미련함 #고집 #융통성 없음 #끈기 #신념 #인내

13. 죽음(Death)

이 카드는 진짜 죽음보다는 끝남과 동시에 새로 시작함을 뜻한다. 무언가를 내려놓고 앞으로 나아가는 과정이다. 그래서 해골 얼굴을 한 기사 그림이라도 부정적으로만 볼 수는 없다. 어떤 상황이나 일이 본인의 의사와 상관없이 종료되고 그로 인해 또 다른 시작이 있음을 의미한다.

갑옷 입은 기사가 백마를 타고 행진하며, 주변에 죽음 앞에서 각기 다른 인물들이 반응한다. 배경의 떠오르는 태양과 수직적 인물 배치는 끝과 새로운 시작을 조형적으로 표현하며, 검은 갑옷과 흰 말의 대비는 순환, 변형, 재생의 진실을 상징한다.

중요 키워드 ▶ #종료 #끝 #결별 #이별 #새로운 시작 #큰 변화

14. 절제(Temperance)

조화, 균형, 천천히 나아가는 삶을 뜻한다. 너무 급하거나 극단적으로 행동하지 말고 적당함을 유지하라는 말이다. 다 해내기에 버거울 수 있으니 요령껏 분배하는 융통성이 필요하다.

천사가 두 개의 잔 사이에 물을 옮기며 균형을 잡고 있다. 한 발은 물에, 한 발은 땅에 있어 내면과 외면, 감정과 이성의 조화를 조형적으로 나타낸다. 화면은 삼각형 구도이며, 색감은 부드럽고 명상적이다. 이는 절제, 조화, 조율의 미덕을 시각적으로 드러낸다.

중요 키워드 ▶ #절제 #조화 #절충 #융통성 #고민

15. 악마(The Devil)

질문자의 가장 약한 부분을 비집고 들어와 유혹한다. 겪으면서 성장하기도 하지만 불운과 황폐함을 남기기 때문에 조심하고 피하는 게 상책이다. 스스로가 끊어내고 벗어나야 하는 게 핵심이다.

박쥐 날개와 뿔을 가진 악마가 중앙에 있고, 사슬에 묶인 남녀가 하단에 있다. 사슬에 묶여 있진 하지만, 사실 사슬은 느슨해서 스스로 벗을 수 있다. 화면은 대조적이며 어두운 색조가 지배적이고, 인물들의 표정은 무기력하다. 이 카드의 조형은 욕망, 중독, 자기 속박을 상징하며, 사슬은 끊을 수 있는 허상을 나타낸다. 시각적으로는 무의식의 그림자와 그것의 인식 필요성을 드러낸다. 이 카드는 욕심, 중독, 나쁜 습관을 뜻한다. 실제보다 더 무섭게 느끼는 것일 수 있고, 벗어날 수 있다는 걸 말해준다.

중요 키워드 ▶ #쾌락 #강렬한 충동 #집착 #악연 #불륜 #중독

16. 탑(The Tower)

예고 없이 찾아오는 큰 변화나 사건을 의미하는데 대체로 부정적이다. 경제적인 파산이나 실패, 관계의 위기, 의식을 가지고 똑바로 상황을 직시하고 해결해야 한다.

벼락이 탑을 내리치고, 인물들이 떨어지는 장면으로 구성되어 있다. 강한 수직선과 대각선 움직임이 화면을 지배하며, 색감은 불과 어둠의 대조가 극적이다. 이 장면은 무너지는 자아 구조, 갑작스런 진실의 개입을 조형적으로 보여주며, 기존 신념의 붕괴를 통한 해방을 상징한다.

중요 키워드 ▶ #파산 #불안 #불가피함 #충돌 #외부 개입

17. 별(The Star)

이 카드는 치유, 소망, 긍정적인 에너지를 뜻한다. 우리가 가지고 있는 최고의 높은 희망을 암시하기도 한다. 한 손은 우물을 만들고 있지만 다른 한 손으로는 의미 없이 물을 흘려보내는데, 현실에 급급해서 남들이나 따라가는 것보다는 자신만의 별을 따라가는 게 더 중요하다는 의미이다.

벌거벗은 여성이 물을 붓고 있으며, 밤하늘에 별이 밝게 빛나고 있다. 화면은 부드럽고 열린 구조로 곡선과 자연물이 조화롭게 배치되어 있다. 별은 영감과 희망을, 여성은 치유와 회복의 에너지를 상징하며, 이 조형 구조는 정화, 재생, 우주의 축복을 시각적으로 구현한다.

중요 키워드 ▶ #영감 #아이디어 #불안 #자존감 하락 #감성

18. 달(The Moon)

숨겨진 갈등과 급류에 휘말릴 것 같은 구설수를 의미한다. 그림에 나타나듯 짖어대는 개보다 그 사이 물과 땅을 오르내리는, 자기 정체를 감출 수 있는 가재 같은 존재를 더 경계해야 한다. 구설에 휘말리지 않으려면 되도록 피해 가는 게 현명하다.

개, 늑대, 가재가 달을 바라보는 모습이다. 길은 구불구불하고 어둡다. 이 카드는 혼란, 꿈, 감정의 깊이를 뜻한다. 아직은 확실하지 않지만 시간을 두고 천천히 나아가야 할 때이다. 화면은 환상적이며, 현실과 비현실이 혼재된 구조로 무의식, 두려움, 직관적 세계를 시각화한다. 조형적으로는 수평의 리듬과 음영의 깊이가 혼란 속 진실의 탐색을 상징한다.

중요 키워드 ▶ #무의식 #구설수 #불확실성 #어둠 #불안

19. 태양(The Sun)

태양은 부활, 빛, 기쁨, 성공, 순수함을 뜻한다. 밝은 미래를 암시하기 때문에 더 이상 두려움 없이 나아가도 된다. 좋은 일이 생기고, 마음도 환해질 거라는 걸 말해준다.

밝은 태양 아래에서 어린아이가 하얀 말을 타고 꽃 벽 앞을 지나며 웃고 있다. 화면 전체는 명랑하고 따뜻한 색감으로 의식의 정점, 밝음, 생명력을 조형적으로 드러낸다. 아이는 순수와 진실, 해방을, 해바라기는 성장과 통합을 상징한다.

중요 키워드 ▶ #행복 #밝음 #행운 #낙천적 #환희 #기쁨

20. 심판(Judgement)

긴 시간 잘 견디었고, 드디어 인생의 기회가 왔음을 의미한다. 당장은 상황이 좋지 않아 보이더라도 유리하게 흘러갈 가능성이 크다. 후회 없이 새롭게 다시 시작할 기회, 자신을 되돌아보는 시간이다.

천사가 나팔을 불고, 무덤에서 인물들이 일어나는 장면으로 구성되어 있다. 수직 상승의 구도와 부활하는 사람들의 자세는 의식의 상승, 각성, 카르마적 회복을 시각적으로 나타낸다. 이 카드는 결산과 재탄생의 순간을 조형적으로 집약한 장면이다.

중요 키워드 ▶ #하늘의 계시 #소식 #예측 불허 #결론

21. 세계(The World)

시간이 흘러 계절이 바뀌듯이, 지구가 자전하고 공전하듯이, 모든 것이 순리대로 흘러가는 것을 의미한다. 모든 게 무탈하고 순조롭게 진행되어 갈 것이다.

가운데 나체의 인물이 리본을 두른 채 춤을 추고 있고, 사방에는 네 개의 성서 상징이 배치되어 있다. 화면은 원형 구도로 구성되어 있어 완성, 통합, 우주적 조화를 시각적으로 드러낸다. 중앙 인물은 자유롭고 의식이 확장된 상태를 나타내며, 순환의 종착점이자 새로운 시작점을 의미한다. 이 카드는 목표 달성, 완성, 큰 성취를 뜻한다. 끝이지만 동시에 새로운 시작이기도 하다.

중요 키워드 ▶ #전환점 #한계 #매듭 #연결고리 #순환 #조화

마이너 아르카나

총 56장의 마이너 카드는
컵(Cups), 완드(Wands), 소드(Swords), 펜타클(Pentacles),
이 네 가지 원소로 나뉘며, 각 원소는 삶의 다른 층위를 상징한다.

ACE 카드로 본 네 가지 원소의 특징

컵(Cups)

물은 컵에 담는다.

감정, 사랑, 관계의 흐름

완드(Wands)

나무에서 불이 난다

열정, 의지, 행동의 에너지

소드(Swords)

칼로 바람을 일으킨다.

생각, 판단, 갈등과 진실

펜타클(Pentacles)

땅이 돈이다.

물질, 돈, 건강, 실질적 성과

각각의 ACE 카드를 보면 손 형태가 저마다 다른 걸 볼 수 있다. 그 원소가 가지고 있는 의미에 걸맞은 손 모양의 형태라고 할 수 있는데, 마이너 카드를 해석할 때 이 그림 연상법으로 기억하면 숙지가 한결 편하다.

• 컵 에이스(Ace of Cups). 물은 컵에 담는다.
컵(Cups)은 물의 원소로서 주로 감정을 나타낸다. 하늘에서 내려온 손이 넘쳐흐르는 성배를 받치고 있다.

• 완드 에이스(Ace of Wands). 나무에서 불이 난다.
완드(Wands)는 불의 원소로서 주로 행동과 의미, 계획 등을 나타낸다. 하늘에서 손이 길게 뻗어 나와 불꽃 모양의 지팡이를 꽉 쥐고 있는 의지를 드러낸다.

• 소드 에이스(Ace of Swords). 칼로 바람을 일으킨다.
소드(Swords)는 바람의 원소로서 주로 이성적인 부분들을 나타낸다. 하늘에서 손이 검을 들어 올리고 있는데 다른 카드와 다르게 손등을 보이고 있다. 이는 속을 드러내기보다는 이성적인 것이 더 지배적이라는 의미이기도 하다.

• 펜타클 에이스(Ace of Pentacles). 땅이 돈이다.
펜타클(Pentacles)은 흙의 원소로서 주로 금전적인 측면과 풍요에 대한 것들을 나타낸다. 구름에서 내려오는 손이 동그란 금빛 펜타클을 감싸쥐고 있으며 이는 재물을 귀하게 여겨야 한다는 암시이다.

컵(Cups)

감정의 물결, 마음 위에 번지다

컵은 물의 원소로, 감정·사랑·관계·무의식·직관을 상징한다. 그 의미는 카드 속의 물의 흐름, 인물의 표정, 색감, 접촉의 방식을 통해 드러난다. 보이지 않는 마음의 움직임이 파동처럼 퍼지며 인간관계의 결, 내면의 정서, 감성적 교감이 중심을 이룬다.

컵 에이스(Ace of Cups)

풍요로운 감성, 영적 자각을 나타낸다. 감정적으로 만족할 만한 새로운 일(사건, 인연 등)의 시작을 알린다.

물이 넘쳐흐르는 성배를 들고 있다. 다섯 줄기의 물줄기가 컵에서 아래로 흐르고 비둘기가 성스러운 상징을 컵에 떨어뜨린다. 화면 중앙에 자리한 컵은 둥글고 풍만하며 아래로 흐르는 물은 감정의 순수함과 풍요로움을 시각적으로 강조한다. 전체적으로 화면은 밝고 하얀빛과 부드러운 곡선 위주로 구성되어 있어 감정의 시작, 축복받은 사랑, 감성의 순수한 개방을 조형적으로 상징한다.

중요 키워드 ▶ #새로운 기회 #모호함 #시작 #감성 #순수

컵 2(Two of Cups)

연결, 유대, 사랑의 결합 등을 나타낸다. 천생연분의 의미, 좋은 동업자나 인연을 만나는 카드이다.

남녀 두 인물이 서로 컵을 맞대고 있으며 그 위에는 카두케우스(쌍뱀 지팡이)와 사자의 머리가 떠 있어 에너지 교환과 균형을 암시한다. 인물들의 위치는 대칭적이며 눈을 맞추고 컵을 나누는 동작은 감정의 교류, 관계의 형성을 시각화한다. 배경은 평화로운 자연이고, 색감은 따뜻하고 균형 잡힌 톤으로 이루어져 있다.

중요 키워드 ▶ #동업자 #협상 #계약 #인연 #의사소통 #사랑

컵 3(Three of Cups)

우정, 기쁨, 공동체의 감정적 풍요를 자연스럽게 드러낸다. 축하받을 만한 일, 경사가 생긴다.

세 여인이 원을 이루어 컵을 들고 축하하는 장면으로 화면 구성은 원형의 구조와 리듬감이 특징이다. 인물들의 손과 컵이 연결되며 서로의 기쁨을 공유하는 듯하고 하단의 과일과 자연 요소들은 풍요와 감정의 결실을 강조한다. 부드러운 곡선과 따뜻한 색감이 전체를 감싼다.

중요 키워드 ▶ #축하 #경사 #파티 #비현실적

컵 4(Four of Cups)

지루함, 감정적 무기력을 나타낸다. 상황이 안정적이다 못해 편안하고 익숙해져서 자칫 권태로움까지 느낄 수 있다.

한 인물이 나무 아래에 앉아 세 개의 컵을 앞에 두고 구름이 건네주는 컵을 무심히 바라보는 모습이다. 인물의 시선은 내면에 고정되어 있고 전체 배경은 정적이며 침잠된 분위기로 이루어져 있어 감정의 내적 갈등, 무관심, 감정적 차단을 조형적으로 형상화한다. 선명한 수직선 대신 고요한 수평 구조와 단조로운 색채가 지배한다.

중요 키워드 ▶ #무관심 #무기력 #권태 #짜증 #지침

컵 5(Five of Cups)

슬픔, 후회, 미련을 나타낸다. 이미 일어난 과거에 대한 미련보다는 다가올 미래에 집중하라는 의미이다. '기대하면 실망한다'라는 키워드가 있다.

검은 망토를 두른 인물이 세 개의 쓰러진 컵을 바라보고 있고 뒤에는 여전히 두 개의 컵이 서 있다. 인물의 자세는 굽은 곡선으로 슬픔을 드러낸다. 배경과 상관없이 인물은 이를 외면한 채 상실에 머물러 있다. 흐릿한 색채와 전반적으로 어두운 느낌이다.

중요 키워드 ▶ #실망 #되돌릴 수 없음 #시야 확장 필요 #가능성 있음

컵 6(Six of Cups)

과거에 대한 회상, 순수한 관계, 향수를 부드럽게 드러낸다. 코로나19처럼 내 의지와 계획과는 상관없이 일어나는 외부 변화를 의미하기도 하며 '변화를 받아들이고 순응하고 빠르게 적응하라'는 키워드를 품고 있다.

어린아이가 다른 아이에게 컵에 담긴 꽃을 건네주는 장면으로 정원과 집의 배경은 보호된 과거를 상징한다. 화면은 온화하게 구성되며 컵이 땅에 안정적으로 놓여 있는 모습은 편안한 감정과 추억을 의미한다. 어린아이의 모습은 순수성과 무구함 그리고 감정의 원초적 형태를 상징한다.

중요 키워드 ▶ #회상 #기회 #변화 #제안 #추억

컵 7(Seven of Cups)

선택의 어려움, 환상, 유혹을 시각적으로 나타낸다. '뜬구름을 잡는다'라는 키워드를 가지고 있고, 비현실적인 허상을 좇기보다는 현실적이고 구체적인 계획이 필요하다는 의미이다.

한 인물이 일곱 개의 컵이 올려져 있는 구름을 바라보는 장면으로 컵 안에는 다양한 상징물(보석, 뱀, 가면 등)이 담겨 있다. 이 카드는 구름 위에 실현되지 않은 환상이 부유하고 인물은 이를 바라보며 갈팡질팡한다. 화면의 구성은 혼란스럽고 선이 뚜렷하지 않으며 컵들의 배치와 내용물은 감정의 다중성, 상상력, 위험을 동시에 드러낸다.

중요 키워드 ▶ #허상 #욕심 #허구 #막연함 #비현실성 #콩깍지 #환상

컵 8(Eight of Cups)

감정적 고립, 자발적으로 산책하는 여정을 상징한다. 주변에 좋은 기회와 인연들이 있는데 그것을 등지고 있으니 다시 한번 주변을 돌아볼 필요가 있다는 의미이다.

한 인물이 여덟 개의 컵을 등지고 어두운 산길로 걸어가는 모습으로 컵의 배열을 등진 모습과 흐릿한 달빛은 감정의 결핍을 표현한다. 인물의 뒷모습과 단조로운 색조는 내면의 결단과 외로움을 시각적으로 전달하며, 화면은 위아래로 분할되어 현실과 무의식의 경계를 암시한다.

중요 키워드 ▶ #착잡함 #화합 #의사소통 #미련 #갈등

컵 9(Nine of Cups)

감정적 성취, 자부심, 만족을 조형적으로 표현하고 있다. 주변의 여건이나 상황들이 더할 나위 없이 만족스러운 상황이다. 좋은 평판을 받고 있다.

중년의 인물이 만족스러운 표정으로 앉아 있으며 뒤에는 아치형으로 컵 아홉 개가 정렬되어 있다. 자신만만한 자세와 배경의 색채는 밝다. 화면의 구도는 안정적이고 닫힌 구조이며 컵들은 일종의 배경 벽화처럼 정돈되어 있어 감정적 소유를 나타낸다.

중요 키워드 ▶ #여유로움 #익숙함 #신뢰 #나태함 #안정

컵 10(Ten of Cups)

감정적 안식, 가족애, 이상적인 정서적 완성을 의미한다. 컵 카드들 중에서 가장 완성된 풍경을 보여준다. 비정규직이라면 정규직이 되거나, 아직 인연이 아닌 관계라면 안정적으로 교제할 만한 관계로, 연인의 관계라면 결혼까지도 나아갈 카드이다.

하늘에 떠 있는 컵들은 무지개와 함께 반원형을 이루며 감정의 완결성, 공동체의 행복을 상징한다. 색감은 매우 밝고 화면은 수평적으로 넓게 펼쳐져 있어 감정의 확장성과 조화를 시각적으로 강화한다.

중요 키워드 ▶ #행복 #평안 #화목 #안정 #즐거움 #결혼

컵의 소년(Page of Cups)

창조의 힘, 신선한 영감의 기회를 의미한다. 혹은 그런 영감을 주는 동료 혹은 친구의 영향력을 나타낸다.

바닷가에 서 있는 젊은 인물이 컵 속의 물고기를 바라보는 장면으로 감정의 갑작스러운 각성과 신비함을 나타낸다. 인물의 옷은 예술적이고 생동감 있는 색채로 표현되며 화면은 전체적으로 물의 흐름과 상징을 강조한다. 물고기가 컵 밖으로 튀어나오듯 등장함으로써 직관, 감정적 영감, 예기치 못한 메시지를 시각적으로 전달한다.

중요 키워드 ▶ #상상력 #감수성 #호감 #순수함 #우정

컵의 기사(Knight of Cups)

어떤 좋은 제안이 들어오거나 좋은 기회, 프러포즈의 의미를 가진다.

말을 타고 조심스럽게 컵을 들고 나아가는 기사의 모습이다. 말의 움직임은 억제되어 있으며 기사 역시 표정이 진지하고 신중해 보인다. 배경의 강과 언덕, 차분한 색감은 이 카드가 상징하는 이성 속 감정, 예술적 감수성, 정적인 추진력을 잘 드러낸다.

중요 키워드 ▶ #새로운 기회 #제안 #프러포즈 #임명 #고백

컵의 여왕(Queen of Cups)

감정적으로 성숙된 여성 혹은 그런 여성의 도움 등을 암시한다. 직관, 정서적 통찰, 감정의 깊이를 나타낸다.

조용한 바닷가에 앉은 여왕이 정교한 컵을 응시하고 있으며 왕좌는 바다의 상징으로 장식되어 있다. 전체적인 화면은 곡선 위주로 구성되며, 색감은 푸르고 부드러워 무의식과 감성의 흐름을 시각적으로 드러낸다. 여왕의 표정은 몰입과 명상을 담고 있다.

중요 키워드 ▶ #성숙 #감성 #풍부한 감성 #감정 기복

컵의 왕(King of Cups)

자수성가형의 성실하고 근면한 남성 상이다. 자기 고집이 있지만 장인 정신 또한 가지고 있는 신중한 인물을 상징한다. 감정의 지혜, 공감력, 감정적 균형을 보여준다.

바다 위에 떠 있는 섬 같은 왕좌에 앉은 왕이 안정감 있게 컵을 들고 있다. 왕의 표정은 평온하지만 단호하며 주변의 바다는 물결이 있으나 인물은 흔들림이 없다. 이는 감정을 통제하는 성숙한 의식, 혹은 혼란 속의 중심 감각을 시각적으로 표현한다. 왕의 옷은 색감과 질감 면에서 따뜻함과 위엄을 동시에 전한다.

중요 키워드 ▶ #진심 #장인 정신 #선함 #우유부단 #완고함 #고집

완드(Wands)
불의 기운, 행동과 의지

의지의 불꽃, 삶을 향해 치솟다. 완드는 불의 원소로서 열정, 행동, 창조성, 영감, 의지를 상징한다. 카드에서는 불꽃, 수직적 구도, 역동적인 자세, 강렬한 색상으로 표현되며 삶을 개척하려는 추진력, 도전과 변화의 에너지가 중심을 이룬다.

완드 에이스(Ace of Wands)

일이나 계획, 어떤 의지가 새롭게 시작되는 카드이다. 에너지의 시작, 창조적 불꽃, 영감의 시작을 의미한다.

하늘에서 손이 길게 뻗어 나와 지팡이를 쥐고 있는 형태로, 화면 중심의 막대기가 강렬하게 솟아오른다. 화면 전체는 밝고 생명력 넘치는 풍경으로 구성되어 있으며 멀리 성이 희미하게 보이고, 구름 사이로 손이 등장함으로써 이 힘이 하늘 혹은 영적 세계에서 비롯됨을 나타낸다.

중요 키워드 ▶ #시작 #계획 #쟁취 #자신감 #자기 주도

완드 2(Two of Wands)

두 가지의 사건, 하나를 선택해야만 하는 양단 결정의 순간에 직면한다. 어느 것 한 가지를 포기하고 다른 한 가지를 선택할 용기가 필요하다. 결정을 내리는 데 온 힘을 쏟아라.

한 인물이 한 손에는 완드를 다른 손엔 지구본을 들고 바깥 풍경을 바라보고 있다. 화면의 좌우에는 두 개의 지팡이가 결정 전의 정적인 긴장을 만들어낸다. 먼 풍경과 바다, 산맥은 인물이 시선을 두는 너머의 세계를 암시하며 이는 조형적으로 대비적 구성이다. 이 카드의 시각 언어는 계획, 전략적 사고, 새로운 세계를 바라보는 시선의 힘을 드러낸다.

중요 키워드 ▶ #경계 #발전 #계획 #선택 #고민 #변화

완드 3(Three of Wands)

기존의 진행하던 일이나 계획 중 하나만 선택하는 것이 아니라 병행하라는 의미이다. (예를 들어 일하면서 아이도 키우는 워킹맘처럼) 그때그때 상황에 맞게 우선순위를 정하고 동시에 일을 진행해가는 것이 더 좋은 시너지를 낸다. 행동 범위를 넓혀라.

한 인물이 등지고 서서 멀리 바다와 배를 바라보는 장면으로 세 개의 지팡이는 비대칭적으로 배치되어 있지만 시선과 화면 구도가 일관된 방향으로 향해 있어 기다림과 확장을 시각적으로 표현한다. 수평선과 하늘, 바다라는 배경은 조형적으로 공간의 깊이와 시간성을 암시한다. 이 장면은 행동 이후의 정지, 먼 미래에 대한 기대감을 조형적으로 나타낸다.

중요 키워드 ▶ #발전 #업그레이드 #새로운 계획 #동경 #도전

완드 4(Four of Wands)

급속도로 진행되어 빠른 안정을 찾는 것을 의미한다. 완성형의 성공은 아니지만 최종 결과로 가는 과정 중에 오는 좋은 성과를 나타내기도 한다.

화환으로 연결된 네 개의 완드. 배경에는 환영의 손짓을 하는 인물들이 등장한다. 화면은 좌우 대칭의 정돈된 구조이며 전체적으로 개방된 안정감과 밝은 색감이 두드러진다. 리본과 꽃장식은 축제의 기운을 더하며 이 카드의 조형 언어는 기초가 갖추어진 환희, 사회적 인정, 성취의 안정된 형상이다.

중요 키워드 ▶ #안정 #취업 #창업 #가족 #교제

완드 5(Five of Wands)

어수선한 상황이나 잦은 말다툼 등의 마찰을 의미한다. 크게 신경 쓰지 않아도 되는, 자세히 들여다보면 별것 아닌 혼란 등을 의미한다.

다섯 명의 인물이 각기 다른 방향으로 완드를 휘두르고 있는 장면으로, 화면은 구조적 균형이 무너지고 선들이 얽혀 있다. 완드들은 충돌하듯 교차하고 인물 간의 거리감이나 시선도 분열적이어서 질서보다는 경쟁과 마찰이 강조된다. 이 혼란은 불협화음 혹은 어떤 충돌로 읽히며 시각적으로는 혼돈 상태로 해석된다.

중요 키워드 ▶ #정신없음 #정리 필요 #선택과 집중 #산만 #바쁨 #피로

완드 6(Six of Wands)

승리의 카드로 경쟁이 치열할수록 유리한 상황이라 시험이나 오디션, 공개 채용 등의 기회가 있다면 응시해보는 것이 좋다. 적극적으로 도전해볼 것.

말을 탄 인물이 화관을 쓴 채 개선 행진을 하고 있으며 다른 인물들이 그를 둘러싸 있다. 지팡이에 장식된 월계관, 앞을 향한 시선, 군중의 배열은 모두 전방으로 향하며 붉은 옷과 흰 말이 사회적 인정과 승리를 극적으로 강조한다. 이 조형적 구성은 외부로부터의 환영, 자신감, 승리의 순간을 보여준다.

중요 키워드 ▶ #쟁취 #승리 #합격 #승진 #도전 #도움 #축하

완드 7(Seven of Wands)

향후 계획과 그 실행력으로 달라질 미래를 암시한다. 보다 구체적으로 계획을 세워 실천하는 것이 좋고 그것은 성공 가능한 계획일 것이다. 신중하고 조심스럽게 계획하고 행동하라.

언덕 위 인물이 아래에서 치솟는 여섯 개의 완드에 맞서 싸우는 듯한 자세를 취하며 인물의 다리 위치나 얼굴의 방향에서 불안정한 긴장감이 느껴진다. 화면의 위아래 긴장 구조는 위협과 방어의 시각적 대비를 이룬다.

중요 키워드 ▶ #계획 #방어적 #과로 #근심

완드 8(Eight of Wands)

수행해야 할 일들이 많고 바쁘다. 속도감 있게 일들이 진행된다.

유일하게 인물이 등장하지 않고, 공중을 날아가는 여덟 개의 완드만이 있다. 완드들은 모두 대각선으로 일렬 배치되어 있으며 그 방향성과 평행성은 빠른 속도, 흐름, 결단의 추진력을 시각적으로 형상화한다. 이 카드의 조형 언어는 진행의 속도, 시간의 흐름, 에너지의 도달을 암시한다.

중요 키워드 ▶ #변화 #빠른 진전 #많은 일 #공사다망

완드 9(Nine of Wands)

다른 사람들의 반대를 겪는다. 오래된 본능이나 고집은 버리고 자신의 한계를 넘어서는 것이 좋다. 조언에 귀 기울일 필요가 있다.

머리에 붕대를 감은 인물이 한 개의 지팡이를 들고 있고 그의 뒤에는 여덟 개의 완드가 벽처럼 서 있다. 인물의 시선은 경계와 불신을 나타내며 화면의 구도는 후방의 반복 구조(완드 벽)와 전방의 인물 간에 단절된 공간감을 형성한다. 인물의 자세는 지쳤으면서도 단호한 방어 태세이며, 화면 전체는 지속적 인내와 끝까지 버티는 결의를 보여준다.

중요 키워드 ▶ #반대 #투쟁 #고집 #집착 #의지 #한계

완드10(Ten of Wands)

버거운 일을 해내고 있는 상황이다. 불필요하게 자신의 삶을 어렵게 만든다. 힘든 것을 조금 내려놓을 필요가 있다. 책임의 무게, 과도한 짐, 한계에 도달한 에너지로 해석된다.

한 인물이 열 개의 완드를 모두 품에 안고 앞으로 나아가는 장면인데, 이 완드들이 인물의 시야를 가릴 정도로 압도적인 양감을 형성한다. 화면 구도는 하중을 짊어진 형태로 비대칭적이며 지팡이들은 빽빽하고 직선적으로 구성되어 과도한 부담, 막힘, 지체된 움직임을 보여준다.

중요 키워드 ▶ #부담 #집착 #스트레스 #힘겨움 #압박 #미련

완드의 소년(Page of Wands)

호기심과 창조적 시작을 의미한다. 일을 하거나 수행 중인 일을 하면서 만나게 되는 동료 또는 인연을 의미하기도 한다.

젊은 인물이 사막에서 완드를 들고 바라보는 모습으로 인물은 화면 가운데 서 있으나 완드와 시선의 방향이 위쪽으로 향해 있어 이상과 비전을 향한 동경을 시각화한다. 배경은 밝고 개방되어 있으며 인물의 옷차림과 표정은 생동감과 자신감을 담고 있어 조형적으로는 젊은 에너지의 방향성을 상징하는 카드이다.

중요 키워드 ▶ #연구 #호기심 #새로운 제안 #설렘 #불안 #단기 프로젝트

완드의 기사(Knight of Wands)

이직이나 이사 같은 이동수를 주로 상징한다. 연예운에서는 소개팅이나 맞선 등으로 만나게 되는 새로운 인연을 의미하기도 한다.

갑옷을 입은 인물이 불꽃무늬의 망토를 입고 말을 타며 돌진하는 장면으로 화면 전체에 강한 동세와 역동성이 흐른다. 말의 자세, 깃발의 휘날림, 배경의 열기 있는 색채는 진취성과 충동성을 시각적으로 강조하며 선들이 불규칙적으로 뻗어 있어 폭발적인 추진력을 나타낸다.

중요 키워드 ▶ #실행력 #이동 #직설적 #직진 #열정

완드의 여왕(Queen of Wands)

자신의 능력을 잘 아는 위풍당당한 여성이다. 일적으로 열정이 있고 의지가 강해 전업주부보다는 사회활동을 왕성하게 하는 게 더 잘 맞는 인물이다. 내면적 열정과 외적 통제의 균형을 형상화한다.

왕좌에 앉은 여왕이 한 손에 해바라기, 다른 손에는 지팡이를 들고 있으며 검은 고양이가 발치에 있다. 화면은 중심이 안정되며 여왕의 얼굴은 차분하고 강인한 표정을 하고 있다. 해바라기와 붉은색, 황금색 등의 따뜻한 색채가 화면을 감싸며 따뜻하면서도 권위 있는 에너지를 표현하고, 고양이는 직관과 비밀스러움의 시각적 상징으로 작용한다.

중요 키워드 ▶ #선택과 집중 #일의 카리스마 #리더십 #사회적 활동

완드의 왕(King of Wands)

사회적으로 능력 있는 남성이다. 독립적으로 행동하고 거침없이 일을 추진한다. 확고한 의지, 비전과 리더십, 행동을 통제하는 성숙한 열정을 보여준다.

왕좌에 앉은 왕이 지팡이를 손에 들고 옆을 응시하며 화면의 구도는 수직과 대칭 구조를 따른다. 왕의 의자에는 도마뱀 문양이 새겨져 있어 재생력과 생명력을 상징하며 붉은 옷과 노란 배경이 불의 권위자로서의 강렬한 인상을 준다.

중요 키워드 ▶ #능동적 #능력 #열정적 #적극적 #현장형 #추진

소드(Swords)
바람의 이치, 선의 결단

이성의 바람, 생각의 칼날. 소드는 공기의 원소로 사고, 이성, 결단, 갈등, 진실을 상징한다. 카드에는 날카로운 칼, 긴장된 자세, 구름과 하늘, 대조적인 색채가 자주 등장하며 내면의 혼란, 진실을 가르는 통찰, 말과 생각의 힘이 주제가 된다.

소드 에이스(Ace of Swords)

진행 중인 상황에 주도권은 바로 자기 자신에게 있다. 스스로 선택하고 통제할 수 있으며 그에 따르는 책임 또한 자신에게 있음을 의미한다. 의지와 사고의 결단적 시작을 나타낸다.

하늘에서 손이 검을 들어 올리고 있고 검 끝에는 왕관과 월계수가 함께 있다. 화면 중심을 뚫고 올라가는 수직의 검은 강렬한 직선 에너지로 구성되어 있으며 구름을 가르는 선은 명확한 진실, 통찰, 시작되는 판단력을 상징한다. 배경은 흐릿한 하늘과 대비되는 선명한 검의 윤곽으로 구성되어 있어 혼돈 속 명확성, 새롭게 시작되는 이성의 힘을 조형적으로 드러낸다.

중요 키워드 ▶ #기회 포착 #자생력 #주도적 #이성적 #예민함

소드 2(Two of Swords)

진퇴양난의 상황이지만 시간의 흐름으로 해결될 문제이다. 이성과 감정 사이의 균형, 결정 이전의 정적 긴장감을 담고 있다. 폭넓게 생각하고 할 수 있는 작은 것부터 실천하는 것이 좋다.

눈을 가린 인물이 두 개의 검을 교차해 들고 앉아 있으며 배경에는 잔잔한 바다와 달이 떠 있다. 인물은 움직이지 않으며 두 개의 검은 완벽한 대칭 구조를 이루어 균형과 정지, 선택의 대립 상태를 형상화한다. 눈을 가리고 있다는 요소는 내면의 판단 혹은 망설임을, 뒤편의 바다는 감정적 파고를 상징한다.

중요 키워드 ▶ #방어적 #고립 #선택 #고민 #진퇴양난

소드 3(Three of Swords)

과거의 트라우마나 상처와 고통을 의미한다. 배신, 상실의 아픔을 나타내기도 한다.

붉은 하트를 세 개의 검이 관통하고 있고 배경은 비가 내리는 회색 하늘이다. 심장과 검이라는 대조적인 이미지의 조합은 감정과 이성의 충돌, 고통스러운 진실의 직면을 조형적으로 직관화한다. 직선적으로 뚫리는 세 개의 검은 감정에 침투하는 사고의 상징이다.

중요 키워드 ▶ #상처 #이별 #심장질환 #트라우마 #큰 변화

소드 4(Four of Swords)

절대적으로 휴식이 필요하거나 정체기이다. 안정을 취할 필요가 있다. 사고의 휴식, 정신적 안정, 이성의 정지 상태를 나타낸다.

성당 안에서 누워 있는 기사와 벽에 세워진 세 개의 펜타클 그리고 누운 자의 아래에 하나의 검이 배치되어 있다. 화면의 구성은 명확한 수직·수평 구조를 따르며 색감은 차분하고 안정적이다. 스테인드글라스 창과 기사의 자세는 내면적 사색과 평화를 강조하며, 조형적으로 내적 정비와 회복의 필요성을 암시한다.

중요 키워드 ▶ #정체기 #포기 #휴식 #회복 #기다림 #정적 에너지

소드 5(Five of Swords)

예상치 못했던 배신이나 낭패를 겪는다. 공허한 승리, 자존심과 이기심의 충돌을 표현하며 조형적으로는 갈등의 비대칭 구조로 읽힌다.

한 인물이 세 자루의 검을 들고 있고 멀리 두 인물이 등을 돌리고 떠나는 모습이 보인다. 이 구도는 전경과 배경이 명확히 분리되어 있으며 승자와 패자가 극명하게 대비된다. 승자의 표정은 조소적이며 바람 부는 하늘과 흐릿한 배경은 긴장과 불협화음을 시각적으로 구성한다.

중요 키워드 ▶ #실패 #비통함 #고통 #배신감

소드 6(Six of Swords)

부서 이동 같은 직장의 변수, 출장이나 여행 같은 이동수를 의미한다.

세 사람이 보트를 타고 강을 건너는 모습으로 여섯 개의 검이 보트 앞에 꽂혀 있다. 수평 구도와 조용한 물결은 감정의 진정과 변화의 흐름을 표현하며 인물들의 자세는 침묵 속의 이동을 상징한다. 검의 방향은 날이 아래로 향해 있어 공격이 아닌 보호 역할을 하고 있으며 이 장면은 슬픔을 동반한 치유의 여정, 생각의 전환을 시각적으로 나타낸다.

중요 키워드 ▶ #이동 #새로운 시작 #해외 #망설임

소드 7(Seven of Swords)

이 카드의 핵심은 미련이다. 그래서 미래로 나아갈 수가 없다. 속임수나 실패가 보이는 계획을 의미하기도 한다.

한 인물이 몰래 다섯 개의 검을 들고 야영지를 빠져나오는 장면으로 화면의 구도는 비대칭적이며 기울어진 시선과 은밀한 몸짓이 두드러진다. 발걸음은 가볍고 표정은 치밀하며 이로 인해 기민함, 속임수, 전략의 이미지가 느껴진다. 이미 다섯 개의 검을 들었으면서도 시선은 쥐지 못한 두 개에 둔 모습이다. 이 카드는 은밀한 행동, 지적 기지 혹은 비겁함을 모두 상징할 수 있다.

중요 키워드 ▶ #미련 #후회 #아쉬움 #헛수고 #계산적 #비겁함

소드 8(Eight of Swords)

스스로 만든 자기 제한의 틀, 억눌린 인식을 나타낸다. 감정의 기복이 심한 상태로 무엇보다 마인드 컨트롤이 중요하다.

눈을 가린 인물이 검들에 둘러싸인 채 서 있으며 몸은 느슨한 밧줄에 묶여 있다. 화면 구성은 폐쇄적인 구조로 검들이 울타리처럼 서 있어 심리적 갇힘과 제한된 사고를 형상화한다. 배경에는 멀리 성이 보이지만 인물은 자신을 구속한 감정 혹은 사고에 갇혀 있어 두려움과 무력감을 표현한다.

중요 키워드 ▶ #정체기 #불안 #두려움 #근심 #막막함

소드 9(Nine of Swords)

누구에게도 말할 수 없는 고민이나 근심을 나타낸다. 내면의 고통과 해소되지 않은 생각의 상징이다.

한 인물이 잠에서 깨어 머리를 감싼 채 침대에 앉아 있으며 벽에는 아홉 개의 검이 수평으로 떠 있다. 검들은 현실이 아닌 상상 속 요소로 표현되어 있으며 배경은 어두운 방 안에서의 고립감을 강조한다. 이 카드의 조형적 특징은 수평의 반복 구조와 수직 인물의 대비이며 이를 통해 불안, 죄책감, 악몽 같은 사고의 과잉을 강하게 드러낸다.

중요 키워드 ▶ #불면증 #초조함 #악몽 #죄책감 #고민

소드 10(Ten of Swords)

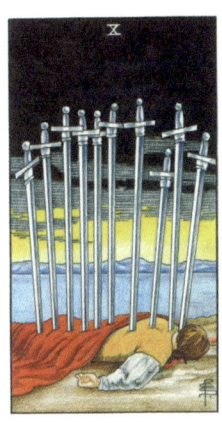

일부터 열까지의 모든 시행착오를 겪은 상태이다. 상황 종료, 최종 결말과 동시에 새로운 시작을 예고한다.

한 인물이 땅에 쓰러져 있고 그의 등에 열 개의 검이 꽂혀 있는 극단적인 장면이다. 하늘은 암흑에 가깝지만 수평선 아래로는 빛이 떠오르고 있어, 절망과 재기의 가능성이 동시에 존재한다. 검들이 완전히 인물의 등을 관통하며 화면 전체에 수직적 긴장감을 부여하고 이는 극단적 끝맺음, 통제 불능의 사고, 완전한 종료, 새로운 시작 예고를 조형적으로 나타낸다.

중요 키워드 ▶ #결말 #또 다른 기회 #종료 #시작 예고

소드의 소년(Page of Swords)

경쟁 상대나 경계해야 할 인연을 암시한다. 기민함, 호기심, 준비 태세가 강조되며 생각의 깨어남과 날카로운 의식의 시작을 표현한다.

젊은 인물이 언덕 위에서 검을 들고 바람을 맞으며 서 있는 모습으로 그의 몸과 검은 서로 반대 방향을 향하고 있어 긴장감과 경계심을 형성한다. 머리카락과 옷이 휘날리고 하늘은 바람으로 가득 차 있어 불안정하지만 민첩한 사고의 움직임을 상징한다.

중요 키워드 ▶ #이성적 #날카로움 #배신 #경계

소드의 기사(Knight of Swords)

급진적인 변화를 상징한다. 너무 급히 서두르지 말고 신중해야 한다. '돌다리도 두들겨 보라'는 키워드를 갖고 있다. 지적 열정, 논리의 돌진, 때로는 성급한 판단을 상징한다.

말을 탄 인물이 전속력으로 앞으로 돌진하는 장면으로 구도는 대각선 진행형이며 화면 전체에 속도감과 긴박감이 강하게 흐른다. 구름과 나무, 망토까지 모두 바람을 받으며 휘날리는 모습은 과격한 추진력, 이념에 몰입된 행동을 시각적으로 보여준다. 인물의 표정은 공격적이다.

중요 키워드 ▶ #속도 #빠른 진행 #끈기 부족 #상처 #공격적 #불안정

소드의 여왕(Queen of Swords)

이성적이고 날카로운 여성을 암시한다. 유방암이나 자궁 쪽의 여성적 질환이 있거나 이혼하거나 사별한 아픔이 있는 여성을 상징하기도 한다.

여왕이 왕좌에 앉아 검을 들고 있으며 손은 앞으로 내밀고 있다. 화면은 전체적으로 차분하나 선명한 수직 구조와 뚜렷한 시선 방향으로 인해 통찰력과 판단의 권위가 느껴진다. 배경은 맑지만 약간의 구름이 감정의 복합성을 암시하며 여왕의 표정은 엄격하고 냉정한 듯하면서도 내면의 슬픔을 품고 있다.

중요 키워드 ▶ #결핍 #상처 #결단 #냉정함 #진실 #감정 통제

소드의 왕(King of Swords)

마음보다는 머리에 따라야 할 때임을 암시한다. 자기 분야에서 전문성을 갖추고 있거나 그런 전문가의 도움이 필요할 때 나오는 카드이기도 하다.

왕좌에 앉은 왕이 똑바로 검을 들고 정면을 응시하고 있으며 화면 전체에 강한 대칭성과 수직성이 존재한다. 왕의 검은 화면의 중심을 가르며 진리와 정의의 상징으로 작용하고 하늘에는 구름과 새가 있어 이성적 사고의 넓은 시야를 표현한다. 왕의 자세는 단단하고 균형 잡혀 있으며 전체 조형 구조는 냉철한 판단, 권위, 지식에 기반한 결단력을 드러낸다.

중요 키워드 ▶ #냉철함 #논리적 #공과 사의 구분 #엄격함 #이성적

펜타클(Pentacles)
땅의 근원, 생의 뿌리

현실의 뿌리, 삶에 꽃피는 결실. 펜타클은 흙의 원소로 물질, 돈, 건강, 노력, 성과를 상징한다. 카드 속에서는 풍경, 작물, 금화, 손의 움직임, 정적인 구도로 나타나며 삶의 안정, 노동과 정성, 육체적 현실을 다루는 땅의 이야기가 담겨 있다.

펜타클 에이스(Ace of Pentacles)

성장의 가능성, 금전운의 시작을 알린다.

구름에서 내려오는 손이 동그란 금빛 펜타클을 들고 있으며 그 아래로 정원길이 열려 있다. 화면 전체가 수평적이며 안정된 구도로 구성되어 있고 펜타클은 물질적 가능성과 현실 세계의 기회를 상징한다. 둥글고 묵직한 금빛 조형 요소는 확실한 가치와 시작점을 강조한다.

중요 키워드 ▶ #취업 #새로운 기회 #금전운 #포상 #풍요의 시작

펜타클 2(Two of Pentacles)

둘 중 하나를 선택하지 못해 고민하거나, 두 가지 일을 융통성 있게 조율하지 못해 고충을 겪는 카드이다.

한 남성이 두 개의 펜타클을 무한대 모양의 리본으로 묶어 저글링하고 있고 배경에는 물결치는 바다와 흔들리는 배들이 보인다. 인물은 한쪽 다리를 들고 균형을 잡으며 유연한 곡선을 이루고 있어 변화 속에서 균형을 유지하려는 노력을 조형적으로 표현한다. 배경의 불안정한 바다와 대비되는 인물의 자세는 현실적 어려움 속 유연함, 재정적 조율을 나타낸다.

중요 키워드 ▶ #반복 #고민 #융통성 필요 #밀당 #2가지 일

펜타클 3(Three of Pentacles)

펜타클 카드 중 유일하게 펜타클이 투명한 형태로 그려졌다. 이는 혼자서 하는 일이 아니라 합심해서 이루어야 하는 일임을 암시한다.

석조 건물 내부에서 세 인물이 건축 설계를 의논하는 모습으로 각 인물은 역할이 분명하게 나뉘어 있다. 건축 구조는 수직적이면서도 반복적인 아치형으로 안정감을 주고 벽에는 세 개의 펜타클이 새겨져 있어 기술, 협업, 장인 정신을 상징한다. 인물들의 배치는 삼각형 구도로 조화와 공동 창작을 시각적으로 표현하며 이 카드의 조형성은 성과를 향한 조직적 노력과 실질적 협력을 드러낸다.

중요 키워드 ▶ #조력자 #협동 #합심 #명예 #공동 프로젝트

펜타클 4(Four of Pentacles)

결코 양보하지 않으려는 고집과 집착의 상태로 욕심을 내려놔야 함을 의미한다.

한 남성이 도시 앞에서 펜타클을 머리 위, 가슴 앞, 두 발 아래에 지닌 채 꼭 붙들고 있다. 화면은 고정적이며 인물 중심으로 구성되어 있어 보유에 대한 강한 의지, 집착을 표현한다. 인물의 표정은 단호하고 색감은 중립적이며 대칭적 구성은 움직임의 부재와 정체된 에너지를 시각화한다.

중요 키워드 ▶ #과유불급 #고집 #집착 #끈기 #내려놓음

펜타클 5(Five of Pentacles)

춥고 배고픈 결핍의 상태이다. 하지만 도움을 받을 곳이 성당처럼 가까운 데 있을지 모른다. 가까운 주변에 도움을 요청해볼 수 있다.

눈 내리는 밤, 고통스러운 상황에 처한 두 명의 인물이 성당 창문 아래를 지나고 있다. 배경의 스테인드글라스 창은 내부의 따뜻함과 대비되며 펜타클 다섯 개가 창에 배치되어 있어 물질적 결핍과 영적 가능성의 대조를 상징한다. 구도는 사선형으로 불안정하며 인물의 자세와 표정은 빈곤, 소외, 위기의 감각을 시각적으로 직접 전달한다.

중요 키워드 ▶ #궁핍 #고난 #금전적 어려움 #위기

펜타클 6(Six of Pentacles)

다른 이에게 베풀 수 있을 만큼 경제적인 부의 축적도 의미하지만 또한 자신에겐 남는 것 없이 다른 사람들에게 모두 이익을 나누어주는 상황에 나오는 카드이다.

한 부유한 인물이 두 명의 가난한 이에게 동전을 나누어주며 한 손에는 저울을 들고 있다. 수직 구도로 균형감 있게 구성된 이 장면은 나눔, 균형, 자원의 분배를 상징한다. 화면에서 부자 인물은 중심에 위치하며 저울은 공정한 판단과 물질적 정의를 나타낸다.

중요 키워드 ▶ #실속 차릴 것 #거래 #헌신 #분배 #선택

펜타클 7(Seven of Pentacles)

확실한 결과를 알 수 없어 정체된 상황을 의미한다. 노동의 결과를 관찰하며 기다림의 지혜를 담고 있다.

한 남성이 지팡이에 기대어 자신의 펜타클 나무를 바라보는 장면으로 화면은 대각선의 분할 구조로 구성되어 있다. 펜타클은 열매처럼 나무에 열려 있어 성과의 단계적 성장을 상징하고 인물의 자세는 성찰과 인내를 시각적으로 보여준다.

중요 키워드 ▶ #욕심 #심사숙고 #결정 장애 #고민 #선택

펜타클 8(Eight of Pentacles)

장인이 하나하나 펜타클을 공들여 쌓듯 차근차근 노력의 성과가 보이는 카드이다. 안정적인 금전 흐름이나 관계를 암시하기도 한다.

한 인물이 책상에 앉아 하나씩 펜타클을 새기고 있으며 이미 완성된 펜타클들이 벽에 정렬되어 있다. 구도는 좌우로 펼쳐져 있으며 반복적 형태와 노동의 집중도가 강조된다. 이 장면은 기술의 숙련, 반복을 통한 진전, 자기 개발을 조형적으로 보여주며 색감은 단조롭지만 질감이 뚜렷하여 꾸준한 노력의 가치를 부각시킨다.

중요 키워드 ▶ #근면 #안정적 #축적 #끈기 #지속적

펜타클 9(Nine of Pentacles)

경제적인 풍요로움을 나타내기도 하지만 은인을 암시하기도 한다.

우아한 여인이 넓은 포도밭에서 매를 길들이고 있으며 뒤에는 펜타클이 정돈되어 있다. 화면은 수평 구도로 안정적이며 여인의 복식과 자연 배경은 풍요와 자족을 표현한다. 조형적으로는 고요하고 성숙한 아름다움 그리고 물질적 성취를 나타낸다. 전체적으로 이 카드는 자립, 성공, 자연과의 조화를 시각적으로 담고 있다.

중요 키워드 ▶ #여유 #풍요로움 #만족 #나태함 #정체기

펜타클 10(Ten of Pentacles)

물질적으로 풍요롭고 다채로운 인맥을 나타내지만 '풍요 속 빈곤'이라는 키워드를 내포하고 있다. 뭣보다 실속을 도모하는 게 중요하다.

여러 세대가 함께 있는 가족 장면으로 조형적으로는 화면 전체를 다양한 인물이 채우고 있으며 아치형 문 안쪽에 펜타클이 흩어져 배치되어 있다. 구조물과 사람들의 위치는 안정적인 삼각 구도를 이루며 배경의 문과 강아지는 가문, 유산, 안정된 가치의 전수를 상징한다. 이 카드의 조형성은 축적된 재산과 사회적 안정, 가정의 완성을 담고 있다.

중요 키워드 ▶ #풍요 #풍족함 #안정됨 #풍요 속 빈곤 #실속

펜타클의 소년(Page of Pentacles)

성과금이나 작은 일의 성취로 인한 이익 혹은 그런 역할을 하는 사람의 영향 등을 의미한다.

젊은 인물이 들판 위에서 펜타클을 들고 응시하는 장면으로 화면의 중심에 위치한 펜타클은 가능성의 씨앗처럼 강조된다. 인물의 자세는 집중되어 있고 배경은 넓은 자연으로 펼쳐져 있어 배움, 계획, 물질적 시작의 열망을 시각화한다.

중요 키워드 ▶ #신뢰 #소신 #동료 #한계 #신중함 #배움 #계획

펜타클의 기사(Knight of Pentacles)

뜻하지 않았던 보상이나 보너스를 의미한다. 성실하고 우직한 대상, 실용적 추진력과 근면성을 상징하기도 한다.

말을 탄 인물이 정지한 자세로 펜타클을 바라보고 있으며 배경은 들판과 밭으로 구성되어 있다. 다른 기사들과 달리 정적인 화면 구성은 신중함과 책임감을 강조한다. 말은 움직이지 않고 땅을 단단히 딛고 있으며 인물은 물질적 목표를 향한 끈기와 안정적인 전진을 시각적으로 나타낸다.

중요 키워드 ▶ #충직함 #기다림 #보상 #흑기사 #새로운 기회

펜타클의 여왕(Queen of Pentacles)

꾸준하고 안정적이며 기복이 없는 성품의 여성이다. 여왕의 표정은 온화하며 자연과의 연결이 강조되어 삶의 풍성함과 감각적 안정감을 상징한다.

왕좌에 앉은 여왕이 펜타클을 손에 쥐고 바라보고 있으며 주변에는 동물과 자연의 요소가 풍성하게 배치되어 있다. 화면은 풍요롭고 부드러운 곡선과 따뜻한 색감으로 구성되어 있어 양육, 안정, 현실적 지혜를 조형적으로 전달한다.

중요 키워드 ▶ #배려심 #풍요 #현모양처 #안정적 #정체

펜타클의 왕(King of Pentacles)

자존감이 높고 권력과 부를 다 가진 남성을 가리킨다. 현실적 리더십, 물질적 성공, 책임 있는 권위를 표현하는 조형 구도를 갖고 있다.

황금으로 장식한 옷을 입고 있는 왕이 펜타클을 손에 들고 왕좌에 앉아 있다. 왕좌와 배경에는 덩굴무늬와 소, 포도 등이 풍부하게 조각되어 있다. 화면 전체가 무거운 안정감과 장식적인 풍요로 구성되어 있어 궁극적 물질성의 완성, 통제된 부의 상징을 시각화한다.

중요 키워드 ▶ #부 #견고함 #권위 #재력 #성과

타로 카드 배열(스프레드)

종류	배열(스프레드)	해석
3카드 스프레드	[1] [2] [3]	1. 과거 2. 현재 3. 미래 1. 원인 2. 과정 3. 결과 1. 나 2. 상대 3. 결과
5카드 스프레드	[1] [2] [3] [4] [5]	1. 현재 상황, 상태 2. 현재에 영향을 끼치는 과거 3. 장애물, 방해요소, 문제점 4. 가까운 미래 5. 발전 방향, 곧 일어날 일, 사건이 흘러갈 방향
켈틱크로스 (Celtic Cross) 스프레드	5, 10, 9, 4, 1/2, 6, 8, 3, 7	1. 현재 상황, 상태 2. 장애물, 방해요소, 문제점 3. 사건의 배경, 기초, 먼 과거 4. 가까운 과거 5. 발전 방향, 곧 일어날 일, 사건이 흘러갈 방향 6. 가까운 미래 7. 자신의 입장, 스스로가 바라보는 자신의 모습 8. 영향을 주는 주변 환경, 타인이 바라보는 나의 모습 9. 바램, 걱정, 희망 10. 최종적인 결과

상담자가 갖춰야 할 네 가지 덕목

사람의 본성에서 우러나는 네 가지 마음씨가 있다. 남의 불행을 불쌍히 여기는 '측은지심(惻隱之心)', 자신의 옳지 못함을 부끄러워하고 남의 옳지 못함을 미워하는 '수오지심(羞惡之心)', 겸손히 마다하며 받지 않거나 남에게 양보하는 '사양지심(辭讓之心)', 시비를 가릴 줄 아는 '시비지심(是非之心)'이다. 이런 마음씨는 응당 그 사람의 얼을 담아 맵시와 말씨로 전해진다. 하루에 열두 번도 넘게 바뀌는 마음이라도 고스란히 낯빛과 눈빛에서 전달되는 것 같다.

상담자가 갖춰야 할 네 가지 덕목 '말씨, 솜씨, 맵시, 마음씨'는 단순한 기술이나 외적 태도를 넘어 상담자로서 갖춰야 할 깊이 있는 자질을 상징한다. 이 네 덕목은 타로를 통해 사람의 마음을 읽고 방향을 제시하며 인생의 흐름을 동반하는 존재로서의 품격을 드러낸다.

1. 말씨 - 언어의 품격과 전달력

상담자는 말로 상처를 줄 수도 있고 치유할 수도 있는 위치에 있다. 말씨란 곧 그 사람의 품성에서 우러나온 말의 분위기이며 메시지를 어떤 어조와 언어로 전달하느냐에 따라 전혀 다른 울림을 준다. 예언이나 조언은 직설적일 수도 있지만 배려 없는 말씨는 상대를 위축시키고 닫히게 만든다. 좋은 상담자는 비록 불편한 진실일지라도 그것을 품격 있고 따뜻한 말씨로 감싸 전달할 줄 알아야 하며, 상대가 스스로 희망의 문을 열 수 있도록 도와주는 조력자의 말씨를 지녀야 한다.

2. 솜씨 - 리딩의 기술과 감각

솜씨란 단지 카드를 읽는 기술 그 이상의 것이다. 다양한 스프레드와 카드 조합을 읽어내는 해석력은 물론 질문의 본질을 꿰뚫는 통찰력과 사람의 흐름을 보는 감각이 모두 포함된다. 타로는 정해진 답을 말하는 도구가 아니라 변화하는 인생의 흐름을 포착하는 예술이다. 그러므로 상담자의 솜씨는 꾸준한 수련과 경험

속에서 단련되며 카드를 넘기는 손끝에서도 섬세함과 집중력이 배어 나와야 한다. 솜씨 있는 마스터는 한 장의 카드에서도 무수한 층위의 이야기를 꺼낼 수 있는 직관과 상상력을 겸비한다.

3. 맵시 - 존재감과 예술성

맵시는 단순한 외모나 복장을 의미하지 않는다. 상담자가 지닌 '존재의 미감'과 표현 방식 그리고 자기만의 세계관이 어우러져 드러나는 예술적인 감각을 말한다. 맵시는 상담 공간을 꾸미는 방식, 타로 카드와 소품을 다루는 태도, 자신의 세계를 표현하는 언어와 이미지, 그리고 전반적인 분위기 속에서 나타난다. 이 맵시는 신뢰감과 몰입감을 동시에 줄 수 있다. 자신만의 색깔을 잃지 않되 상대가 편안함을 느끼게 하는 균형 잡힌 맵시가 필요하다.

4. 마음씨 - 따뜻함과 공감의 능력

마음씨는 상담자의 핵심 자질이다. 올바른 마음씨야말로 가장 중요하다고 생각한다. 카드 해석이나 지식 이전에 타로 상담은 사람의 마음을 마주하는 일이다. 진심으로 누군가의 아픔에 귀 기울이고 그들의 삶을 존중하며 판단 없이 공감할 수 있는 따뜻한 마음씨는 상담자의 가장 큰 자산이다. 진짜 공감은 기술이 아니라 인생의 고통과 기쁨을 깊이 이해하고 껴안아 본 사람만이 가질 수 있는 깊이에서 나온다. 타인의 아픔을 자기 일처럼 느낄 수 있는 마음씨는 무엇보다 신뢰와 치유의 토대가 된다.

이 네 가지 덕목은 서로를 보완하며 진정한 상담자로 성장하기 위한 네 개의 핵심 요소이다. 말씨가 부드러우면 마음이 열리고, 솜씨가 깊으면 통찰이 생기며, 맵시가 아름다우면 신뢰가 쌓이고, 마음씨가 따뜻하면 변화가 시작된다. 타로는 결국 사람을 위한 길잡이이기에 이 네 가지를 가슴에 품고 살아가는 태도 자체가 상담자의 길이다.

타로와 그림치료의 접목 - 그림연상법

바빠도 시간을 내서 해야 하는 일들이 꼭 있다. 여유가 생기면 하겠다며 미루는 일은 대개 끝순위가 되니까 그렇게 되면 영영 만날 수 없게 되는 사람들이 있다. 매달 만나는 소년원의 소녀들은 처음 만나는 그날이 마지막 날이다. 매달 만나는 군부대 교육생들도 그러하다.

일생일대의 만남이 될 것이라고 기대해본 적은 없지만, 그림에는 처음 만나는 사람도 그 마음을 조금씩 열게 하는 힘이 있다. 마음을 쓴다는 것, 마음을 그린다는 것, 제목을 정하고 어떻게 그릴지, 그리면서 느낌은 어떻게 달라졌는지 얘기해보는 모든 그림의 언어들에는 나름대로 의미가 있다.

미술치료를 하고 타로 상담을 해온 지 벌써 이십여 년이 넘었다. 지금도 기억나는데 처음 만난 아이는 상담실 문을 열고 들어오자마자 엄마의 다리 뒤에 몸을 숨겼다. 눈은 컸지만 말이 없었고 표정은 조용히 얼어 있었다. 나는 아이에게 다가가 찰흙을 내밀었다. 말랑말랑하고 따뜻한 점토. 손안에 쥐면 체온처럼 스미는 그 감촉이 마음을 열게 해주리라 믿었다. 처음엔 망설이던 아이가 조심스럽게 점토를 만지기 시작했을 때, 나는 안도했다. 그 아이는 꽃 한 송이를 만들었다. 말 대신 조용히 피워낸 그 꽃이 그 아이의 속마음 같아 오래도록 기억에 남았다.

소심한 사람들에게는 그렇게 '무른 재료'가 좋다. 점토, 물감, 오일파스텔처럼 손끝에 따라 흐르며 아이의 감정을 안전하게 담아낼 수 있는 것들. 부드러운 재료는 아이에게 이런 메시지를 전한다. 반대로 산만하고 통제가 어려운 사람들에게는 '딱딱한 재료'가 더 효과적이다. 일곱 살의 어떤 남자아이가 그랬다. 상담실에 들어오자마자 가만히 있지를 못했다. 종이 위에 물감을 마구 뿌리고 붓으로 책상을 두드리던 그 아이에게 나는 크레용과 두꺼운 종이를 건넸다. 처음엔 불만스러워했지만 단단한 크레용이 종이를 따라 나아가는 동안 아이의 움직임도 점차

안정되었다. 아이는 화산이 터지는 섬을 그렸다. 색은 강렬했고 선은 거칠었다. 하지만 그 안엔 분명한 질서와 의도가 있었다. 감정을 통제할 수 있다는 경험 그리고 자신의 에너지를 형태로 표현할 수 있다는 자각은 아이에게 큰 위안이 된다.

타로와 미술치료의 만남은 '그림을 통한 마음의 언어 해석'이라는 공통점을 바탕으로 이루어진다. 두 분야 모두 말로 표현하기 어려운 내면의 정서와 무의식의 메시지를 시각적 이미지로 풀어내는 점에서 강한 연결 지점을 지니며, 특히 '그림연상법'을 통해 그 접점은 더욱 구체적으로 드러난다.

1. 미술치료와 타로: 감정과 상징의 언어

한 사람이 상처받은 이유를 들여다보면 그 원인은 그의 부모인 경우가 많았고 또 그 부모는 그 부모 때문이었기에 따지다 보면 그 조상까지 거슬러 올라가야 했다. 예를 들어 사랑받지 못하고 성장한 자녀는 사랑을 듬뿍 주는 부모로 성장할 것 같지만 그것이 익숙하지 못해서 그만 그 자식에게 더 엄해지기 십상이다. 정작 자신은 애정결핍으로 성장한 것이 싫었으면서도 어느 순간 그것이 상처가 됐다는 사실도 잊은 채 살아가는 것이다.

미술치료는 언어나 이성의 장벽을 넘어 형태와 색, 질감과 선을 통해 감정을 드러내고 치유하는 심리치료의 한 분야이다. 사람은 때로 자신이 무엇을 느끼는지도 모른 채 살아간다. 그런 이들에게 그림은 마음속 풍경을 직접적으로 드러내주는 창이 되어준다.

타로 역시 언어로 표현되지 않는 무의식의 메시지를 이미지로 드러내는 도구이다. 78장의 카드에 담긴 상징과 장면들은 단순한 그림이 아니라 인간 내면의 욕망, 두려움, 성장의 여정을 상징적으로 표현한 심리적 설화라고 할 수 있다.

이처럼 미술치료와 타로는 '그림을 통해 자기 자신을 바라보게 한다'는 공통된 기능을 지니며, 그 만남은 깊은 자기 탐색과 감정 해석의 공간을 열어준다.

2. 그림연상법이란?

감성을 자극해야 감동에도 이를 수 있고, 감동해야 모든 현상이 아름다워질 수 있다. 머리로 이해한 내용이 가슴으로 내려오는 데는 30년이 걸린다는 말이 있다. 그만큼 논리적 설명이 감성적 설득으로 쉽게 바뀌지 않는다는 이야기다. 그런데 사람을 감동시키고 감응케 하는 데 예술만큼 자연스러운 것이 있을까? 특히 어느 부류나 집단에 국한되지 않고 모든 이들에게 공감대의 감동을 선물하는 데는 예술이 가장 유효할 것이다.

그림연상법(이미지 연상 기법)은 그림을 단순히 해석하거나 읽는 것이 아니라 그림 속 이미지에 자신의 감정, 기억, 생각을 연결시켜 자유롭게 연상하는 방식이다. 이는 프로이트의 자유연상이나 융의 상징 해석과도 맥을 같이하며 타로에서도 매우 유용하게 적용된다.

3. 실전 적용: 미술치료와 타로를 접목한 예시

① 타로 이미지 자화상 만들기

참여자가 가장 인상 깊었던 타로 카드를 선택하거나 무작위로 한 장을 뽑게 한다. 그 카드를 참고하여 '나를 상징하는 이미지'를 자유롭게 그리게 한다. 이후 자신의 그림과 타로 카드의 공통점이나 다른 점, 느껴지는 감정 등을 나눈다.

② 감정 조각 맞추기
- 타로 카드 여러 장을 펼쳐 놓고 질문한다.
"지금 마음을 가장 잘 표현한 장면을 골라주세요."
- 카드를 고른 후 다시 질문한다.
"왜 이 카드가 지금 나를 닮았다고 생각하나요?"
"이 안에 보이는 인물, 배경, 색깔은 어떤 감정을 말하고 있나요?"
- 이어서 그 감정을 상징하는 색과 도형, 선으로 표현해보게 한다.

4. 치유적 관점에서 바라본 타로 이미지의 힘

타로 이미지는 상징으로 구성되어 있지만 그 안에는 정서적 공명과 무의식의 투사 대상이 들어 있다. 우리는 어떤 카드를 보면 특별히 끌리거나 반감을 느끼거나 어딘가 모르게 익숙한 기분을 경험하게 된다. 이는 곧 그림 속에 내면의 감정과 기억이 비추어진다는 것이다.

그림연상법을 통해 그 감정을 말로 표현하거나 새로운 시각으로 재해석함으로써 우리는 감정을 통제하거나 지우는 것이 아니라 이해하고 받아들이는 치유의 태도로 나아간다.

5. 마무리: 상징을 통해 스스로를 다시 보다

미술치료는 그림을 통해 말을 만들고, 타로는 상징을 통해 이야기를 만든다. 그림연상법은 그 둘을 잇는 다리이다.

우리가 타로 카드 속 장면에서 눈을 떼지 못할 때, 사실은 그 장면 속 어디에선가 '지금의 나'를 보고 있기 때문이다. 그리고 그 그림을 통해 우리는 다시 질문하게 된다.

"이 장면 속의 나는, 무엇을 말하고 있을까?"
"내가 바라보지 못했던 감정은 무엇이었을까?"

그 질문에 귀 기울이는 순간, 타로 카드를 통해 '지금 이 순간의 나'를 바라볼 수 있다.

전수민(田秀敏) 약력

lovelykm0917@naver.com
http://blog.naver.com/lovelykm0917
https://www.facebook.com/artistjeonsoomin
https://www.instagram.com/soomin.jeon.50
https://www.youtube.com/channel/jeonsoomin

#학력
2025 국립창원대학교 대학원 한국화 대학원 박사과정 재학 중
2019 국립창원대학교 대학원 한국화 대학원 석사 졸업
2008 국립창원대학교 미술학과 한국화 졸업

#주요경력
2023 독일 I-A-M Art Berlin Now Residency
2018 중국 LOTI X HUMMI 디자인박물관 10월 초대작가
2016 이탈리아 '베니스' 작가 스튜디오 8월 입주작가
2015 미국 워싱턴DC 한국문화원 12월 초대작가
2014 프랑스 클레르몽페랑 아리랑갤러리 상설작가
2012~2013 영담 한지미술관 레지던시 작가
2010 ASIF 아시아프 청년작가
2008~2015 고화연구 바램연구소 임원

#개인전
2025 출판기념전 (정수갤러리/서울)
2024 개인전 <7월, 우주적인 것>전 (가고시포갤러리/서울)
2023 개인전 <선계도(仙界圖)>전 (혜화아트센터/서울)
2022 초대전 <평화선계도(平和仙界圖)>전 (정수아트센터/서울)
2021 초대전 <몽유선계도(夢遊仙界圖)>전 (정수아트센터/서울)
2020 초대전 <일월몽유도(日月夢遊圖)II>전 (정수아트센터/서울)
2019 초대전 <일월몽유도(日月夢遊圖)I>전 (정준호갤러리/부산)
2018 초대전 <일월모란도(日月牡丹圖)>전 (LOTI X HUMMI 디자인박물관/중국)
2018 초대전 <명감(明感)-일월초충도(日月草蟲圖)>전 (이즈갤러리/서울)
2018 초대전 <명감(明感)-일월초충도(日月草蟲圖)>전 (정준호갤러리/부산)
2017 초대전 <일월부신도 2017(日月副神圖)> (프랑스문화원/부산)
2017 초대전 <일월부신도 2017(日月副神圖)> (혜원갤러리/인천)

2016 출판기념전 <이토록 환해서 그리운> (SPACE NAMU/서울)
2015 초대전 <일월연화도 2015(日月連花圖)> (워싱턴DC 한국문화원/미국)
2015 초대전 <일월연화도 2015(日月連花圖)> (아라아트센터/서울)
2015 초대전 <일월산수도(日月山水圖-피어나다)> (SPACE1326/창원)
2015 초대전 <일월산수도(日月山水圖-보물1호전)> (트리샤갤러리/부산)
2014 초대전 <일월산수도(日月山水圖)-피어나다> (아리랑갤러리/프랑스 클레르몽페랑)
2014 초대전 <일월산수도(日月山水圖)-피어나다> (상상갤러리/서울)
2014 초대전 <일월산수도(日月山水圖) 2014> (라메르갤러리/서울)
2013 초대전 <아직 듣지 못한 풍경> (정수화랑/서울)
2012 초대전 <아직 듣지 못한 풍경> (빈갤러리/부산)
2011 초대전 <오후3시15분> (현갤러리/서울)
2010 공모전 <성장통> (대안공간 마루/창원)
2008 선발작가전 개인전 <순간> (성산아트홀/창원)

#아트페어
2019 <중국켄톤페어> (광저우국제컨벤션센터/중국)
2019 <중국국제아트페어 'ART AMOY'> (하문 국제컨벤션센터/중국)
2018 <중국국제아트페어 'ART AMOY'> (하문 국제컨벤션센터/중국)
2017 <아트페어속의 아트페어> (한국종합무역센터 COEX/서울)
2017 <중국국제아트페어 'ART AMOY'> (하문 국제컨벤션센터/중국)
2015 <Affordable Art Fair Hongkong> (홍콩 국제컨벤션센터 HKCEC/홍콩)
2015 <불교박람회 '영담한지특별전'> (서울무역전시컨벤션센터 SETEC/서울)
2014 서울 아트쇼 (한국종합무역센터 COEX/서울)
2014 광주 국제아트페어 (김대중컨벤션센터/광주)

#단체전
2023 <춘풍 나가사키에서 2023>전 (나가사키 브릭홀/일본 나가사키)
2022 <예술로 하나되는 평화>전 (화천갤러리/화천)
2022 <소담스럽다'전 (매화나무 두 그루/성남)
2021 <우리 고장, 아름다운 화천>전 (화천문화회관/화천)
2021 춘천민미협 1주년 개관전 (문화공간 역/춘천)
2021 링크전 (문화공간 역/춘천)
2021 <춘풍 나가사키에서 XXIII 2021>전 (나가사키 브릭홀/일본 나가사키)
2021 기획전 <평화>전 (화천갤러리/화천)

2021 석박사세미나전 <견문색>전 (국립창원대학교 전시관/창원)
2021 기획전 <작지만 특별한>전 (정수아트센터/서울)
2021 제7회 기획전 <멘토, 멘티>전 (한원미술관/서울)
2021 강원미술시장축제 <그림 보러가지 않을래>전 (춘천문화회관/춘천)
2021 창작기획전 <나, 나를 소망하다>전 (공간 '매화나무 두 그루'/성남)
2020 특별기획전 <새활용>전 (문화공간 역/춘천)
2020 창작기획전 <청하다,파랑하다>전 (공간 '매화나무 두 그루'/성남)
2020 기획전 <꿈꾸는 춘천>전 (문화공간 역/춘천)
2020 기획전 <강원을 누비다>전 (춘천문화예술회관/춘천)
2020 기획전 <산천어축제>전 (화천갤러리/화천)
2019 <나가사키 피폭 71주년 평화>전 (나가사키 미술관/일본)
2019 창작기획전 <오르다> (정수화랑/서울)
2019 화천문화인전 (화천문화원/화천)
2019 화천기획전 <화천미술인전> (화천갤러리/화천)
2019 3.1특별기획전 <화천의 봄> (화천갤러리/화천)
2019 특별기획전 <동구래 마을의 겨울> (동구래마을/화천)
2018 창작기획전 <다가서다> (정수화랑/서울)
2018 <나가사키 피폭 70주년 평화>전 (나가사키 미술관/일본)
2018 창작기획전 <들여다보다> (정수화랑/서울)
2017 창작기획전 <두드리다> (정수화랑/서울)
2017 기획전 <독화(讀畵)와 감상(鑑賞)> (서정아트센터/서울)
2017 창작기획전 <들여다보다> (정수화랑/서울)
2017 춘풍 나가사키로부터 ⅩⅦ RING ART 2017 (나가사키 브릭홀/일본)
2017 <예술과 지평>전 (신선미술관/목포)
2016 기획전 <종이의 미학(TRAVAUX PAPIER)> (아리랑갤러리/프랑스)
2016 현대미술전 <지역·국제·평화> (나가사키역사박물관/일본)
2016 특별기획전 <Artist Room> (SPACE NAMU/서울)
2016 부산청년작가전 <나에게 오는 풍경> (부산창작예술공간/부산)
2016 창작기획전 <이루어지다> (SPACE NAMU/서울)
2015 한·불 특별기획 초대 3인전 <미풍은 어디서 부는가> (갤러리 두/서울)
2015 특별기획 민화전 (DORADOgallery/일본 도쿄)
2015 <나가사키 피폭 70주년 평화>전 (나가사키브릭홀/일본 나가사키)
2015 <예술과 지평>전 (신선미술관/목포)
2015 창작기획 <나를 만나다>전 (정수화랑/서울)

2015 기획 초대전 <봄의 향연> (아트센터피플러스/서울)
2015 기획 초대전 <9인의 특별기획> (블루스톤갤러리/서울)
2015 춘풍 나가사키로부터 ⅩⅦ RING ART ASPECT 2015 (나가사키현 미술관/일본)
2015 창작기획 <마음을 뺏기다>전 (정수화랑/서울)
2015 특별 아름다움의 변용전 (나가사키브릭홀/일본)
2015 우리 한지 전시회 <지의 숨결>전(서울/상원미술관)
2014 <한국화 작가 기획전> (마랑그 시립도서관/프랑스)
2014 창작기획 <그리워하다>전 (잠시갤러리카페/서울)
2014 창작기획 <하늘을 걷다>전 (잠시갤러리카페/서울),(FavorEat/부산)
2014 <영담한지미술관 기획전> (울산예술회관/울산)
2014 <좌도우서전> (단원미술관/안산)
2014 기획초대전 <민화, 그 새로운 시각> (플러싱 타운홀/미국 뉴욕)
2014 현재미술기획전 <미술시장과 미술가> (갤러리 엘르/서울)
2013 한일교류전 <YOUNG ART> (나가사키브릭홀/일본 나가사키)
2013 <한·미 현대작가 한지미술전> (인사아트센터/서울)
2013 <소피아 아트 컴퍼니 기획전> (갤러리AW/서울)
2013 국회 기획전 <버리기 1초전> (국회의원신관/서울)
2012 4인 초대전 <그림, 꿈을 꾸다> (아트리에갤러리/안양)
2012 영담작가레지던시 특별전 (영담한지미술관/청도)
2012 기획초대전 <아름다움의 변용> (교토문화회관/교토)
2012 4인 초대전 <그림, 꿈을 꾸다> (아트리에갤러리/안양)
2012 한·중·일교류전 (나가사키브릭홀/일본 나가사키)
2011 좋은데이미술대전 (부산KBS홀/부산)
2011 기획초대전 <5인의 초대전> (아쿠아갤러리/서울)
2011 한·중·일교류전 (나가사키브릭홀/일본 나가사키)
2010 <아시아프> (성신여대/서울)
2010 <봄의축제전> (영아트갤러리/서울)
2010 한·중·일교류전 (나가사키브릭홀/일본 나가사키)
2009 송구영신기획전 <나도 컬렉터> (가가갤러리/서울)
2009 기획전 <아름다운 만남을 위하여> (지구촌갤러리/서울)
2009 <한비 수교 60주년 기념 초대전> (이형아트센터/서울)
2009 기획초대전 <아름다움의 또 다른 얼굴> (숄렛/프랑스)
2009 나가사키대학 초대전 (우라카하카센터/일본 나가사키)
2009 주목작가 기획초대전 <NEO-PAX> (이형아트센터/서울)

#그외활동
2022.7 수필집 『집들이 선물』 출간.
2018.6 ~ 2019.12 매주 경향신문 칼럼 기고.
2018 경기도 아트드로잉 콘서트 공연.
2017 OBS/TJB <화첩기행> 출연.
2017.3 여행 수필집 『오래 들여다보는 사람』 출간.
2016.5 그림 수필집 『이토록 환해서 그리운』 출간.
2014 책 『너의 이름만 들어도 가슴속에 종이 울린다』(글: 최돈선/그림: 전수민) 작품 27점 삽화 수록.
2014 MBC 드라마 <개과천선> 작품 협찬.
2012 KBS 드라마 <자체발광그녀> 작품 협찬.

#작품 소장처
주식회사 삼성 홈플러스 회장실, 광주시립미술관, 국립창원대학교 본관, 국회의원회관 신관, 강원도도의회, 서울을지병원, 창원 김선경외과, 주식회사 엔트리움, 주식회사 한신에스메카, 서울 미래에셋, 주식회사 케미코스, 부산 일품한우, 통영신경외과, 공예미술학교 신농학당, 베니스살롱, 정준호 갤러리 등등.

타로에세이

타로의 위로, 그림의 대답

1판 1쇄 발행	2025년 8월 30일
지은이	전수민
그린이	전수민
발행인	윤미소
발행처	(주)달아실출판사
책임편집	박제영
편집위원	김선순, 이나래
디자인	전부다
법률자문	김용진, 이종진
주소	강원도 춘천시 춘천로 257, 2층
전화	033-241-7661
팩스	033-241-7662
이메일	dalasilmoongo@naver.com
출판등록	2016년 12월 30일 제494호

ⓒ 전수민, 2025
ISBN 979-11-7207-066-3 03810

이 책의 일부 또는 전부를 재사용하려면 반드시 저작권자와 (주)달아실출판사 양측의 동의를 얻어야 합니다.

* 잘못된 책은 구입한 곳에서 바꿔드립니다.
* 책값은 뒤표지에 표시되어 있습니다.